小红书为什么红

小红书爆红背后的秘密及内容运营策略

曹珂瑄 著

WHY
RED
SUCCESS

北京

图书在版编目（CIP）数据

小红书为什么红：小红书爆红背后的秘密及内容运营策略/曹珂瑄著．
—北京：中国经济出版社，2020.6
ISBN 978-7-5136-6060-0

Ⅰ.①小… Ⅱ.①曹… Ⅲ.①电子商务—运营管理 Ⅳ.①F713.365.1

中国版本图书馆CIP数据核字（2020）第033663号

责任编辑	牛慧珍
责任印制	马小宾
封面设计	久品轩工作室

出版发行	中国经济出版社
印刷者	北京富泰印刷有限责任公司
经销者	各地新华书店
开　本	710mm×1000mm　1/16
印　张	14.25
字　数	190千字
版　次	2020年6月第1版
印　次	2020年6月第1次
定　价	58.00元

广告经营许可证　京西工商广字第8179号

中国经济出版社 网址 www.economyph.com 社址 北京市东城区安定门外大街58号 邮编 100011
本版图书如存在印装质量问题，请与本社销售中心联系调换（联系电话：010-57512564）

版权所有　盗版必究（举报电话：010-57512600）
国家版权局反盗版举报中心（举报电话：12390）　服务热线：010-57512564

序言

玩转小红书，标记属于自己的生活态度

认识小红书，从了解小红书开始。

小红书是一个生活方式分享的平台，它的广告语是：小红书，标记我的生活。

据小红书官方公布的数据显示，截止到2019年12月，小红书用户量超过3亿，月度活跃用户数超过1亿。同时，小红书超过七成的平台用户为90后、95后，每天产生30亿次的图文和短视频内容，其中70%的曝光是UGC（User Generated Content）内容。

在小红书，用户通过短视频、图文等形式记录生活的点滴，内容覆盖时尚、护肤、彩妆、美食、旅行、影视、读书、健身等各个领域。另外，我们会发现小红书APP里面集中了大量的女性粉丝，通过百度人群画像分析，女性用户占比超过了76%，年龄分布在20~40岁，有较强的购买能力，而且对产品有较高的识别能力，要求质量，对价格的敏感度比较小，换句话说就是，只要自己喜欢的东西就一定不会去计较贵还是便宜。

2019年2月底，美国著名商业杂志《快公司》发布了"2019中国最佳创新公司10强"榜单。其中，美团、阿里巴巴、小红书三家互联网公司位列前三。

如果说美团、阿里巴巴已经是炙手可热的"当红明星"，那么小红

书则是野蛮生长的"草根明星"。小红书成立于2013年，短短6年间就成长为"全球最大的消费类口碑库和社区电商平台"，在"6.6周年庆"当天，开卖2小时就卖出1个亿。

2019年7月底开始，小红书经历了"被下架事件"。小红书的联合创始人瞿芳说："是因为小红书之前跑得太快，确实需要一段时间沉淀和反思。"

2019年10月14日，小红书先是在安卓应用市场恢复了上架，紧接着，2019年10月22日，下架了80天的小红书终于在苹果应用市场重新上架。重新上架后的小红书仅在48小时内就冲上了社交免费榜第3名，足以看出用户对小红书的期待。

在如此一个精准女性流量的平台，越来越多的品牌商相继重视小红书平台的广告投放。如今流量成本越来越高，粉丝难以集中、精准，而小红书却聚集了大量的女性粉丝群体，成为众多商家关注的焦点。有了用户，当然不能少了商家，支撑一个平台可持续发展的因素之一就是广告。小红书是年轻人生活方式分享的社区电商平台，专注于消费升级大潮中的年轻时尚群体，通过独有的社区口碑营销和品牌内容推广，帮助品牌更有效地链接优质用户，快速可持续地增长。

那么，作为用户，我们能在小红书做什么呢？

用户可以通过发布笔记、购物分享将一些有价值的攻略发到小红书社区里，然后其他用户通过主动搜索、系统推荐等方式浏览笔记，对笔记进行评论和分享，对于比较好的产品很多人会选择购买，小红书社区也会根据他们的点赞量、浏览量、评论量，将有价值的攻略反馈、推送给其他用户，进一步地传播，从而让发布者获得更多的价值。

我作为MCN机构——北京玖小时文化传媒华南区总经理兼副总裁，以及玖小时小红书首席运营官，2018年就开始研究小红书的玩法、平台规则。目前我们公司已经在全国签约500多名代言妈妈，作为代言妈妈KOL（Key Opinion Leader）定位导师的我，已经成功打造百位小红书达人和品牌合作者，为多个品牌做小红书推广工作。很幸运，我今天能够在这里借助文字的魅力与薯宝宝们分享我的小红书运营之道，为大家讲解小红书运营的定位、基础操作和技巧。除了一些基本的运营策略，我还将为大家揭秘小红书的成长发迹史，破译小红书开创的社交+电商新商业模式。

本书比较适合刚加入小红书的薯宝宝[①]们，对于已经运营的薯宝宝们，也可以把本书作为小红书的精进攻略，让自己更加完善，也为将来深度运营个人品牌/产品打下良好的基础。

尽管我们此刻还无法预测在未来的商业化道路上，小红书究竟能到达怎样的高度，但可以肯定的是，只要我们在持续进化的同时，坚守最初的"美好""真实""分享"——这些在小红书之城长存的优良基因，我们的达人事业以及小红书这座虚拟的城市，一定会永葆生机，越来越红！

[①] 薯宝宝：对小红书用户的昵称，在小红书的激励体系中，还有尿布薯、奶瓶薯、困困薯等称呼。

目录

PART 1 小红书是什么——爆红背后的秘密

第一章 小红书,一座没有边界的城市 / 003

小红书是什么 / 003

女生都爱看,小红书为什么这么厉害 / 007

上榜"2019 中国最佳创新公司"——小红书的商业模式画布 / 013

阿里、腾讯 3 亿美元抢股,小红书凭什么被巨头"团宠" / 018

"非典型"进化:小红书为什么敢不设边界 / 022

小红书"燃烧"起来的 3 把火种 / 026

从小红书看社区运营的过去和现在 / 029

重塑城市商业价值的"天花板"有多高 / 036

第二章 小红书比其他点评类 APP 优秀在哪里 / 040

丰富的内容赋能使平台不断迸发新的生命力 / 040

谁是王者:小红书笔记 PK 传统新闻稿 / 044

明星达人,满足用户对明星生活的好奇心 / 047

热门话题,追逐热点是最好的引流 / 051

美颜滤镜,给你好看的皮囊,也给你有趣的灵魂 / 056

标签贴纸,生活日常也可以鲜活起来 / 060

全球好物,跨境电商确保品质、排除假货质疑 / 064

PART 2　小红书怎么玩——爆款笔记运营从 0 到 1

第三章　精准定位：作为用户，在小红书上能做什么 / 071

知己知彼：为什么小红书的定位是"标记我的生活" / 071
定位第一步：建立账号并根据个人特长/喜好选择垂直板块 / 076
定位第二步：发布图片并添加定位标签 / 080
定位第三步：学会并做对三件事 / 083

第四章　发布笔记：制作原创图文视频，爆文随手可得 / 088

打造优质的内容单元，获得曝光是迟早的事 / 088
发布笔记第一步：制作独一无二的吸睛封面 / 091
发布笔记第二步：编写高质量笔记内容 / 095
发布笔记第三步：掌握这些技巧，爆文随手可得 / 098
发布笔记第四步：视频笔记的推荐率更高，玩转你的 Vlog / 105

第五章　关键词排名优化：让品牌刷爆小红书一招就够 / 109

为什么要在小红书上做关键词排名优化 / 109
排名优化第一步：确保笔记互动量与图片质量 / 112
排名优化第二步：重视小红书账号等级，增加权重 / 117
排名优化第三步：掌握关键词排名规则与方法 / 120

第六章　优质内容运营：做好选题策划和适度吸粉 / 123

运营本质：分享经济下的社区+电商化社群 / 123
内容运营第一步：好的内容来源才能生产出好的内容 / 126
内容运营第二步：选题策划是输出优质内容的关键 / 133
内容运营第三步：增加阅读体验的同时让用户 Get 到重点 / 141
内容运营第四步：遵守平台规则，适度吸粉 / 144

第七章　构建 KOL 矩阵：孵化更多小红书达人 / 146

达人带来流量，流量带来变现 / 146
KOL 之变——品牌合作人准入条件的升级 / 151
KOL 养成第一步：打造个人 IP，塑造一个可描述的形象 / 155
KOL 养成第二步：为用户创造价值，利他才能利己 / 159
KOL 养成第三步：多一份热爱，注一片匠心 / 162

第八章　全渠道联动引流：品牌商与消费者高效链接 / 165

小红书上热门到底有多难 / 165
引流第一步：不刷一个粉丝或评论也能坐享流量红利 / 168
引流第二步：4 种方法提升内容推荐打开率 / 176
引流第三步：拉新、促活、留存，有效提高转化 / 178

PART 3　小红书怎么赚——变现逻辑和未来趋势

第九章　小红书流量变现的商业运作逻辑 / 185

好奇、改变、选择——小红书流量变现的 3 个关键 / 185
打通社区和电商两大业务能力，服务于品牌商 / 189
找对人、说对话、卖对货，口碑让品牌走得更远 / 192
做有价值的生活方式分享直播 / 195

第十章　小红书的未来发展趋势 / 200

陪伴一代人，推动他们生活方式的改变 / 200
小红书的未来，贩卖的是什么 / 203
小红书之城商业化面临的挑战 / 206
在瞬息万变的市场潮流中不断进化新形态 / 208

后记　小红书要如何继续红下去 / 211

小红书微录 / 215

PART 1 小红书是什么
——爆红背后的秘密

小红书成立于2013年，通过不断深耕UGC（用户创造内容）购物分享社区和跨境电商，目前已经成长为"全球最大的消费类口碑库和社区电商平台"。

小红书的最大特点和优势是——用户既是消费者，也是分享者，更是一起"种草"同行的伙伴。小红书曾在"6.6周年庆"当天，开卖2小时就卖出1个亿。小红书迅速走红，重要的是，它已经悄然开辟了独树一帜的以内容为依托的"社交+电商"新商业模式。

第一章
小红书，一座没有边界的城市

小红书是什么

小红书是什么？

官方是这样解释的：

小红书是年轻人的生活方式平台和消费决策入口，由毛文超和瞿芳于2013年在上海创立，致力于让全世界的好生活触手可及。在小红书，用户通过短视频、图文等形式标记生活点滴。截至2019年3月，小红书用户数超过2.2亿，并持续快速增长，其中70%的用户是90后。

小红书的愿景是"成为最受用户信任的互联网公司"；使命是"让全世界的好生活触手可及"；企业文化是"有结果、有洞察、有信任、有格局"。

◎ 创新求变的小红书在新一轮变革后长什么样

小红书2013年成立。从2018年开始，小红书开始发力弯道超车。尤其在2019年，用户数突破2.5亿，并且在经历了"数据造假""电商被诟病""种草代写"等风波后，小红书毫不犹豫地开始了大刀阔斧的整顿和改革。

为人所热议的规则和措施便是上线了"品牌合作人新规"，根据官方所称，新规的出台是为了提高合作人质量，提高MCN效率，严惩未报备广告笔记以及数据造假的用户。一句话概括就是要进一步使平台规范化。

2019年重新调整组织架构之后的小红书，主要有四大业务模块：

1. 社区

小红书社区每天产生数十亿次的笔记曝光量，内容覆盖时尚、个护、彩妆、美食、旅行、娱乐、读书、健身、母婴等各个领域。

2. 福利社

小红书福利社是小红书的自营电商平台，在小红书福利社，用户可以一键购买来自全世界的优质美妆、时尚、家电、零食类商品。

3. 品牌号

在所有业务模块中，品牌号是于2019年3月最新上线的业务。小红书品牌号部门围绕"品牌号"这一核心产品，整合公司从社区营销一直到交易闭环的资源，更好地连接消费者和品牌。

品牌号的作用是可以帮助品牌获得官方认证，邀请品牌合作人发布合作笔记，并通过与粉丝互动，了解多维度的数据，更可以直接配置小红书品牌旗舰店，促成交易转化。

已经在小红书开过品牌账号的不需要重新开品牌号，原有粉丝数据不会有影响。

品牌号在原有的品牌账号基础上进行五大模块升级。

◆ 官方认证

官方认证标识，拥有更多展示入口。

◆ 品牌运营

搜索发现及内容分发，引导用户关注。

◆ 粉丝互动

多种运营工具推动更多粉丝互动，增强用户黏性。

◆ 数据洞察

通过品牌号后台洞察多维数据报告，赋能内容营销。

◆ 打通交易

配置小红书品牌旗舰店，实现流量高效转化。

4. 小红书之家

经过 6 年的累积，小红书特有的美好、真实、多元的社区氛围，不断吸引着越来越多的伙伴，探索着美好生活的更多可能性。

除了对业务板块的调整和变革，小红书还积极践行着自己的社会责任。例如，2019 年，小红书聚焦环保，用新眼光审视环保。小红书上"生活垃圾分类"一直在行动——用"垃圾日记"为绿色生活代言。早在 2018 年 7 月，小红书用户 Ritatawang 发起了有关废物垃圾再利用的话题——#我的垃圾日记，把手边的垃圾，改造成一件件可爱的工艺品，并和好友一起跑步捡垃圾，做城市的美容师，当时引发了近万位小红书用户身体力行、参与行动。今天，"我的垃圾日记"还在小红书上继续生根发芽。小红书正在运用移动社区美好的能量，提升更多年轻人的环保意识。

◎ 小红书——助力更多年轻人找到美好生活

如何帮助更多年轻人找到美好生活，这也是小红书一直在寻求的答案。

时代在向前发展，"90 后""95 后""00 后"正在成为消费市场的重要群体。其中，和文化密切相关的文娱类则是年轻人的主要消费兴趣。他们在思想上更加开放、包容，追求更加真实、美好、多元的生活方式。在会聚了对生活和文化充满想象力的年轻群体后，小红书里日均 1 万多则笔记为年轻用户提供了庞大的环保生活方式参考，从"种草"各种美食、好物，到用短视频形式"打卡"记录生活，小红书正在致力于为年轻人链接这个时代真实的美好，帮助这里的年轻人找到最好的文化方式和生活态度。

在小红书，"90 后"喜爱健身打卡，分享书单和旅行见闻；

"00后"则热衷于交流学习经验。小红书官方提供的数据显示，2018年，"00后"在小红书上记录了超过10万小时的学习打卡。

在许多年轻人眼中，潮流演变成了一种多元、积极、健康的生活态度。读书、旅行、美食、健身、穿搭等，正在成为年轻人新式潮流生活的典型切片，而承载这些美好生活方式的社区——小红书正在助力年轻人走上创造美好生活的奋斗之路。

爆 红 笔 记

小红书是什么？

a. 生活方式分享社区。

b. "让全世界的好生活触手可及"。

c. 帮助更多年轻人找到美好生活。

女生都爱看，小红书为什么这么厉害

张雨绮告诉你如何选钻石，张韶涵向你推荐护肤精华，林允跟你分享眼影的画法……小红书成了万千女性下单购物之前首先打开的一款APP，搜一搜同龄人的使用心得，看看明星的推荐、产品评价，做到心中有数后再下单购买。

◎ 为什么女生都对小红书上瘾

我们在百度检索"小红书"三个字的时候，总会弹出一些关注度较高的词条，例如"为什么小红书那么红""为什么妹子们都对小红书上瘾"。

据国家统计局数据显示，中国有经济消费能力且追求时尚的25岁至45岁的女性约有2.9亿人，占总人口的16%；16岁至60岁的女性消费者人数约占总人口的33%。一线城市的用户占到了50%以上，成为小红书的主流用户群体。同时用户特征十分明显，小红书用户以学生、白领居多，其中女性用户占到70%~80%。

一位女性用户日均花费在小红书的时间约为50分钟，该用户这样描述："我每天都习惯性地打开小红书搜索我感兴趣的东西，例如美食、装修、旅行，甚至胳膊痛、洗牙我都会上去找笔记、翻答案。每晚临睡前我都会刷一遍小红书，就像以前刷微博那样，我觉得自己好像有些沉迷其中了。"

沉迷其中的不只这位女性用户，再来看看下面的女性用户对小红书到底有多上瘾。

忠实女性用户：Zoe

Zoe 不只是小红书的忠实粉，更是时尚博主和旅行达人，每个月她几乎都要出境旅行一两次。从 2013 年小红书出的第一版"香港购物攻略"开始，Zoe 就已经开始关注小红书了。Zoe 说："其实，我在小红书上买东西的次数有限，但是通常看到上面有推荐的好东西，我都会去买。而有时如果我自己买的东西刚好是被推荐的，那我就会获得认同感，觉得非常开心。"

忠实女性用户：菁菁

菁菁是某县城长途汽车站的售票员，2015 年小红书推出"红色星期五"时她第一次下载了小红书。菁菁描述："我以前买东西几乎都在淘宝，但那段时间身边好多同事都在小红书上买东西，说这个平台上的东西都是现在最热门的，这样就省去了在其他电商平台挑产品、找代购的时间，也不用担心真伪，能放心直接下单。"

忠实女性用户：Angel

Angel 初次接触小红书是为了测评，几款同类型的 APP 反复比较之后，Angel 开始对小红书"路转粉"。Angel 说："不知道为什么，我从第一次使用小红书就产生一种莫名信任。同时，它也满足了我分享生活的欲望，当我发的内容被其他的用户回应，我觉得自己越来越像个网红。另外，小红书获取福利的门槛相对较低，我在这里很容易就能享受到各种优惠，这让我觉得这是一个很实在、为用户利益着想的平台。"

忠实女性用户：Amy

Amy 是一家电商的运营主管，小红书刚上线不久，她的老板就把小红书的微信公众号推荐给她，告诉她："这个平台运营很不错，有些话题你可以学习一下。"直到现在，Amy 一直在关注小红书，她认为，小红书之所以让女性用户如此上瘾，关键原因是小红书总能敏锐地抓住女性用户的心理，每次看到小红书上别人的分享之后真的会有种想买的冲动。最让她印象深刻的是小红书曾在快递盒子上印的那句——今天的心情，三分天注定，七分靠Shopping。

有人认为，小红书之所以能做出高质量的社区内容，背后一定有很多厉害的运营达人以及对达人们的高额物质奖励。但实际上，小红书所有的内容分享都是由真实的用户自发生成的。

如果说淘宝、京东等传统电商渠道，已经很好地帮助用户解决了"在哪里买"的问题，那么小红书则正在帮助用户解决"买什么"的问题。小红书快速发展的背后正是近几年中国女性消费市场的崛起。

女性真有这么大的消费力吗？

我经常劝说身边的男性友人，对于女人，什么事都可以阻止，但一定不要在女人"买买买"这件事上过分阻止，因为你这种做法很可能会激怒一个女人。

面子好看、里子有料、每天变着法儿地带给用户新鲜感、创造安全感——从这点来说，男人们都应该跟小红书学习一下。

从早期的传统商业到今天的互联网商业，女性一直被公认为"潮流的引导者"，当喜欢"逛"和购物这种天性和与之匹配的经济收入撞个满怀，产生的便是"没有最高，只有更高"的消费潜力。目前小红书的用户主体——一线城市的年轻女性（白领群体），可以说是消费意愿与经济实力的最优结合。

而女性用户在社区讨论最多的话题通常是什么呢？

包包、美妆、护肤、保健、旅行、美食……这使得小红书在一些用户重叠率较高的旅游、时尚圈内享有一定的知名度。

不仅如此，小红书还带动了女性友人之间互相"安利""种草"[①] 的潮流。对不少女性购物达人来说，一年365天，只有3月12日是植树节，

[①] 安利、种草：网络流行语。安利是指（带有一定感情色彩的）强烈推荐。种草是指"宣传某种商品的优异品质以诱人购买"的行为。

其他时间都是种草节。而小红书巨大的"种草"流量，自然也吸引了无数的品牌广告商。

1. 从"薅羊毛"到"种草机"

小红书在2014年1月正式上线APP。起初，小红书主要围绕"海淘"开展社区经验分享和电商业务。

小蓉是小红书的第一批用户，她通过朋友分享模式，获得了一张在小红书APP消费立减30元的优惠券。她随即购买了一支日本进口牙膏，标注是"小红书自营"。

小蓉说："我对比了很多平台，最后发现在这里用券购物是最优惠的。"

原来，最初的用户大多是为了"薅羊毛"，才成了小红书的第一批用户。

直到近两年，小红书才一步步发展成了经验分享社区。随着加入的明星越来越多，小红书也渐渐成为圈内公认的"种草机"。在这一发展过程中，有人成了粉丝，有人成了购物狂，有人从看客成了参与者。不管怎样，无形中小红书成了越来越多女性朋友关注时尚资讯、品牌新动向的窗口。越来越多的人开始分享自己的生活、女生关注的问题，如此说来，小红书就像是"百科全书"一样的存在，让女性用户充满了安全感。

2. 从分享"评价好物"到"以种草为己任"

用户定位精准，是小红书最大的特点。一线城市的女性通常是高收入、高审美、高需求人群。她们打开APP都是有目的性的，会主动搜索相关信息。同样的一篇日本大阪的购物攻略，发布在公众号上很有可能被淹没或反响平平，在小红书上却可能成为"爆款"。

这与小红书选择从购物和日常生活切入有莫大的关系——这些都是门槛不高但实用性、话题性很强的话题，再加上分享笔记、上传图片等入口便捷，无论获取信息还是分享，成本不高、难度也不大，所有参与者都可以利用碎片化的时间操作完成，进一步增加了用户黏性。

到 2017 年，小红书已不是最初"分享神器"的样子，而是被情感、美食、时尚、旅行、文化等笔记铺满了首页。用户对它的需求早已不是某个单一的商品，或者明确解决什么问题。

小红书的发展岁月静好，更迎来了大量明星博主入驻。国货之光、便宜大碗、DIY 面膜……在镁光灯下珠光宝气的女明星们，到了小红书的页面上都变成了懂得勤俭持家、用上了"平价好物"的邻家闺蜜，这让女性用户倍感亲切。

3. 从 KOL（意见领袖）到专业 MCN（网红经纪公司）机构

草根模特爆红之路

石佳灵（原名石婷）本是一名模特，她切身体验了在小红书上的爆红过程。她刚注册两三个月，粉丝数就涨到了 30 万，短短不到一年的时间，她轻松收获了上百万粉丝，更成为大品牌的宠儿——当红 KOL（意见领袖）。

她背后没有推手、没有经纪人，也没有内容合作公司，最初只是单纯地分享自己的生活点滴。现在的她，经常出现在香奈儿、各大品牌商家的活动现场，甚至她还出现在 OPPO 手机的发布会邀请名单上。

一个不太知名的产品，一条普通的日常分享，经过小红书笔记一包装，立即上几个档次、涨粉无数。为此，嗅觉敏锐的人建立起了相应的网红经纪公司——MCN 机构，招募粉丝数破百万的小红书大 V 以及几百粉丝的"素人"，逐渐形成一整套极为专业的带货种草机制，为那些大品牌服务。

在今天这个"人人都是自媒体"的时代，所谓社交电商最高的境界，就是靠用户相互分享成交。从一开始只是为了吸引喜欢购物的女性，到如今成了素人、明星分享、带货的平台，从最初只是做美妆、时尚、护肤、穿搭这些基础话题，到后来延伸出的明星、读书、综艺等话题，目前小红书根据平台的用户、内容数据分析,还在不断增加和调整话题。微商、电商、抖商,不管是什么商,谁对人心洞察得更深刻,谁更善用新科技,谁就能在市场中占有一席之地。

爆红笔记

为什么女生爱看小红书?

a. 定位精准,一线城市白领。高收入、高审美、高需求。

b. 天生喜欢"买买买",需要有价值的"好物分享"。

c. 女生的"种草机""百科全书"。

上榜"2019中国最佳创新公司"——小红书的商业模式画布

2019年2月底,美国著名商业杂志《快公司》① 发布了"2019中国最佳创新公司10强"榜单。

其中,美团、阿里巴巴、小红书三家互联网公司位列前三。

在"中国最佳创新公司"10强企业中,超过半数都是互联网科技公司。对于前两名的美团和阿里巴巴,正在人们意料之中,因为这两家已经是相对比较成熟的上市公司。值得注意的是,尚处于发展阶段的小红书竟跻身三甲,这是很多业内人士都没想到的。

图1-1是《快公司》杂志编辑团队对小红书的评价截图。

图1-1中的评价翻译过来大意是:"小红书将用户推荐笔记和购买力结合,并且提供全世界的好产品,让中国消费者可以轻松购买。截至2019年1月,小红书已有2亿用户在这里分享和生活。"

从2013年创立至今,小红书的确走出了一条与众不同的发展道路。小红书能迅速爆红,并且其热度能如它品牌所赋予的底色一样持续"燃烧",这与它自身的运营理念、商业模式是密不可分的。

我们用商业模式画布的形式来解锁一下小红书的商业模式。

---

① 《快公司》:国际知名媒体Fast Company唯一中文授权版本,长期聚焦于商业及科技创新领域,发行量与增长额跻身美国期刊前5名,是世界历史上成长最快的媒体品牌。

图1-1 《快公司》杂志编辑团队对小红书的评价截图

◎ 小红书的商业模式画布

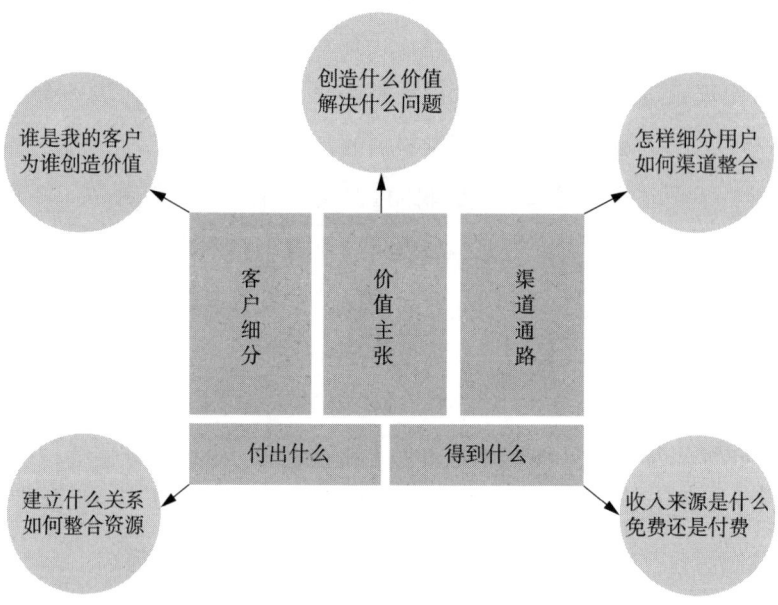

图1-2 小红书的商业模式画布

1. 客户细分

任何一种商业模式的形成，都离不开客户细分。首先我们必须弄清楚两个问题——

谁才是我们最重要的客户？

我们以后要为谁创造价值？

小红书的用户，几乎都是20~40岁的年轻人，这些人的特点是坚信"好东西值得好价格"，但并不是盲目地崇洋媚外，而是注重品牌和质量。他们在消费的时候非常理智。例如，为了找到更好的东西，他们不惜花费时间去网上看评论、查攻略，经过一番考察对比之后，再拜托国外友人从国外采购，或者托人去香港免税店买，或者直接去海淘平台购买。

答案已经很明显，只有先成为这些年轻人的"闺蜜"，才能赚他们口袋里的钱。

小红书恰恰是看懂了这个时代的用户特点，看透了现在的年轻人，于是打造了购物攻略型的社区形式，将这些用户聚集在一起。

2. 价值主张

知道了目标用户之后，还要清楚应该向用户传递怎样的价值。具体来说，就是我们能够帮助用户解决哪一类难题？我们提供给用户细分群体哪些产品和服务？我们满足了用户哪些需求？

小红书鼓励用户将海淘产品的使用心得以笔记的形式在社区发布，或者让久居国外的用户和大家分享哪些东西是真正值得购买的"好物"。如此一来，小红书的社群粉丝越来越多，这个聚集用户的方式，逐渐将更多有相同价值观、消费主张的目标人群聚在一起。

3. 渠道通路

小红书就是在帮助用户解决了"买什么""多少钱才值得买"的问题之后，才搭起了自己的渠道通路——海外仓库、国内仓库和保税仓库三大供应链系统，并正式上线了电商平台"福利社"，"社群+电商"商业模式逐渐形成。

用产品去吸引用户、链接社群，再用社群绑定用户，这是互联网时代的生存方式。任何企业、品牌运营商都需要更多地触达用户、粉丝和市场。通过社群链接用户、产品和粉丝，做到产品运营、品牌营销、吸粉增粉三者合一，这样小社群就会逐渐裂变为大社群，大社群再裂变为更大的社群。

自媒体时代，每一个消费者都有可能成为你的品牌和口碑的传播者，最终转变为你的忠实粉丝，甚至是合作者。尝试让用户从最初的围观者变为关注者，再从关注者升级为参与者，最后从参与者升级为消费者，形成联动营销模式，实现全渠道的跨界整合。

4. 付出什么

我们想从用户那里获得什么，就要弄清楚自己能够付出什么。包括：与用户建立什么样的关系？这种关系的建立成本如何？该如何维系并保持关系的良性发展？如何将这种关系整合到现有经营模式中？

综观传统经营模式，小红书的模式与之完全相反。传统企业通常是先做产品再找用户，也就是先研发出产品，再通过广告宣传卖给对产品刚好有需求的用户，属于被动买卖。而小红书的重点则是先想办法聚集留住用户，根据用户的需求再来开发产品。因此，小红书瞄准的是用户的使用场景，培养用户记录笔记、分享心得的习惯，就像逛街一样利用移动端的碎片化时间来完成，这更容易激发对分享的优质产品的购买欲望，这种诱导式消费将实现社区电商的高转化率。

5. 得到什么

天下没有免费的午餐。互联网所谓的"免费"其实并不是"产品免费"，而是思维免费。很多用户都没有意识到自己早已经付了"钱"。什么样的价值用户愿意付费？用户如何支付费用？其他收入来源如何？

小红书从建立到现在不过也就6年的时间，最初发展的短短5个多月成交额就飙升到2亿，转化率高达8%。最令对手恐惧的是小红书95%的商品在上架2小时内就卖完了。

短短6年时间，小红书"社区+电商"模式，让消费者在站内完美实现了种草、分享到购买的体验闭环。同时，小红书经历了从攻略分享，到经历分享，再到生活分享社区的平台定位升级。这个过程中，小红书得到的不只是用户、流量和金钱，更获得了强大的口碑和社群。

小红书从最初就决定要做一个生活方式的分享入口，而不是纠结于单一品类能否做大做强，关于未来，它有着自己的发展野心。

爆红笔记

小红书凭什么上榜"2019中国最佳创新公司"？

a. 2亿用户分享生活方式的虚拟之城。

b. 提供"全世界的好产品"，且买且放心。

c. 推荐笔记、购买力相结合，年轻人的好"闺蜜"。

阿里、腾讯 3 亿美元抢股,小红书凭什么被巨头"团宠"

有人说,在投资人的眼中,小红书的商业价值是很高的,而在用户的眼中,小红书里的商业气息却是很淡的。这也是小红书既能被巨头"团宠",又能被用户认可的原因之一。

2018 年 5 月,小红书当时的用户数将近一个亿,月度活跃用户将近 3000 万,是 2017 年的 3 倍,并且还在成倍增长。

2018 年 6 月,小红书紧接着完成了 D 轮超过 3 亿美元的融资,公司估值超 30 亿美元。此次融资的领头方是阿里巴巴,参与方有腾讯投资、金沙江创投、纪源资本、元生资本、天图投资、真格基金等股东。此轮最大的投资方为阿里、腾讯,历史上实属罕见。

表 1-1 小红书融资记录表

时间	轮次	金额	投资方
2013 年 10 月 1 日	天使轮	数百万元人民币	真格基金、徐小平
2014 年 6 月 29 日	A 轮	数百万美元	金沙江创投(领投)、真格基金
2015 年 6 月 8 日	B 轮	数千万美元	GGV 纪源资本、金沙江创投
2016 年 3 月 31 日	C 轮	1 亿美元	腾讯、元生资本、天图投资
2018 年 6 月 1 日	D 轮	3 亿美元	阿里巴巴(领投)、金沙江创投、腾讯、GGV 纪源资本、元生资本、天图投资、真格基金、郑志刚

资料来源:电子商务研究中心。

从表 1-1 来看,小红书在短短五年的时间获得这样的成绩,无论在融资还是在用户方面,其增长速度可谓惊人、野蛮。值得一提的是,小红书特意强调 D 轮融资是财务融资,募集的资金将主要用于升级、扩张团队力量,同时继续加持在产品技术方面的革新和投入,特别是基础设施建设,以确保为用户规模的持续增长做准备。

◎ 小红书到底有什么优势,凭什么被巨头"团宠"

能让阿里领投,与其他投资方豪掷 3 亿美元,小红书的业绩增长和发展潜力肯定不是无凭无据。我们不妨从小红书自身的独特优势出发,探寻究竟是哪些优势吸引了投资方"非投不可"。

优势 1:不断迭进的态势

根据自身所处的市场环境不断变化,不断实现业务、商业模式等层面的迭进,并且在这个不断进化的过程中没有掉队,这是小红书最大的优势。

2014 年,我国的跨境电商行业全面爆发。小红书凭借积累的用户优势,引入了电商"福利社",转型成为海淘电商。与其他垂直跨境电商不同的是,小红书赋予了跨境电商"社区"的属性。通过社区搜集各地用户心得,为喜欢出境购物的用户提供详细、可靠的购买攻略。同时,针对用户推荐的爆品开设商城,支持用户进行在线购买。

今天的小红书则衍生为以图文、短视频、UGC 内容为特质,实现新一代年轻用户吃穿玩乐买的分享与电商结合的生活方式社区。

不断拓展的业务让小红书这本"书"越来越厚,但增"厚"的同时并没有"臃肿",而是始终保持着高增长的态势。

优势 2:以年轻人为目标用户群体

目前,小红书最活跃的用户群体多为 90 后、95 后。这群年轻用户的特点是对新事物的思想观念、接受程度要比中老年人更强烈,从某种程度上更能刺激消费欲望。

对年轻人而言,小红书不只是单纯的电商平台,而是一种潮流,一个能够引领全新生活方式的综合性平台。几年前,小红书每天的笔记曝光数就高达 14 亿次,这相当于 14 亿中国人每天打开一次。在未来,小红书还将进一步用产品改变新一代年轻人的生活方式。

优势 3:"醉翁之意不在酒"的销售模式

小红书不是因为销售而销售,而是另辟蹊径、剑走偏锋,通过分享来拉动吃穿玩乐买式的消费。这种"醉翁之意不在酒"的销售模式,赋予了小红书强烈的导购场景,加上强大的女性消费力量和更大品类、更多明星的入驻,内容和用户属性再次将小红书推向了利润的金池。小红书的每一次进步,都是朝着一个离钱更近的方向。

优势 4:高黏性的优质内容

传统电商的流量红利早已进入瓶颈期,也有很多人认为内容红利正在与日俱减,而小红书却在大踏步前进,仍然在不断创造新的流量红利。

小红书主打各种时尚、美妆好物推荐。大部分女性用户在美妆、护肤过程中,都很乐于和朋友讨论、分享,习惯将美好的东西、好用的产品晒出来,小红书正是击中了这些用户的需求痛点——"看、买、用、分享"四位一体。而小红书的标签化使得内容展现更加明显,海量、优质的内容为小红书营造了一个个基础"搜索场景",这样即使你不是小红书的核心用户,也可能会因为具体的某一点需求使用小红书。这样的拉新效果使得小红书社区在涌入大量用户后,依旧能够井然有序。

内容黏性高的社区并不少,但像小红书这样具有先天变现能力的极为罕见。小红书通过社交和优质内容不断吸引新的人群成为未来一个不可逆的趋势。

优势 5:大数据精准配置需求

在小红书上,用户的每一次浏览、点赞和收藏等行为,都会产生大量的底层数据。通过对这些数据的分析,小红书能够更加精准地分析出用户的真实需求,以确保售卖的商品能够深受用户推崇。

阿里最擅长卖货,但在社交和内容方面相对薄弱;而腾讯社交属性出色，却少了一些电商的基因，而小红书则既有优质的内容，又是"玩社区"里电商属性最强的。

正因为阿里已经充分意识到，优质的内容生态对于电商交易的带动作用，因此参与领投并计划持续投入。阿里的意图很明显，就是要将小红书纳入其电商体系，利用小红书在内容上对用户的吸引力，强化流量入口的优势。一来可以帮助垂直领域增加变现的可能，二来完成新一轮的多元化交易闭环布局。小红书也可以借此在用户增长方面继续扩张规模，在内容变现上则依托阿里的优势，避免了做过长的链条搭建。

作为"内容电商"时代的一颗冉冉升起的新星，小红书正是阿里渴求已久的优质流量与内容入口。

爆红笔记

小红书凭什么被巨头"团宠"？

a. 优质的内容生态。

b. 是"玩社区"里电商属性最强的。

c. 不断扩张的业务，小红书变"厚"却不"臃肿"。

"非典型"进化：小红书为什么敢不设边界

曾有用户在小红书上写下这样一句话："希望小红书能活一百年，这样几十年后生活被琐事缠绕、烦躁时跑过来看看这一刻的心情，可以平静很多吧！"

从"种草社区"到"虚拟城市"，小红书一直把自己比喻为"一座没有边界的城市"，这意味着电商和社区都不是小红书的最终形态，它最大的价值就在于让2亿有消费潜力的年轻用户拥有了一座共同的虚拟家园。

在这座虚拟的"城市"里，小红书正在尝试挖掘更大的商业潜力，多元、真实、美好的 UGC 社区是其最大的优势壁垒。如今，小红书的 Slogan（标语、口号）已经从最初的"全世界的好生活"变成"标记我的生活"。

而通过 Slogan 的几次转变来看，小红书已经向用户表明自己不仅仅是单一的电商平台，更是一个覆盖面更广的、没有边界的分享社区，平台提供的也不只是商品，而是一种生活方式。

◎ "没有边界的城市"

原本，小红书只是想成为一款专注社区的产品，而用户不断想"买"推动了小红书电商业务的全面布局，开创了"社区电商"模式。

至此，小红书结合社区里的优质用户笔记和用户口碑来进行商品选购，世人没有料到，最初只有5个人的电商团队，在短短2个小时内就卖光了当天上架90%的商品——小红书所创造出的销售奇迹恐怕连电商巨头都难以企及。

小红书通过社区笔记加商城联动的模式，首次将内容和电商结合在一起，无形中在人与商品之间建立了种草→分享→购买的体验闭环，形成富有人情味的购物模式。也有越来越多的人开始对小红书这个主打"生活方式"的内容社区平台感到好奇：众多类似品牌中，为什么唯独小红书敢"不设边界"？

1. 社区即城市，内容即服务

套用小红书产品负责人邓超的一句话来解释就是"社区即城市，内容即服务"。小红书意识到在追求商业化变现的过程中，无论如何都不能伤害到社区用户的体验，否则2亿"居民"最终也只会带着失望拂袖而去，留下一座空落落的城。

因此，小红书敢"不设边界"说明小红书恰到好处地满足了年轻人的基础诉求，增加了用户体验。

诉求1：发现与探索

用户都想要看到并接触更多元的世界，小红书刚好发现了更丰富的自我表达的方式。

诉求2：归属与联结

找到同类，即找到对的人、商品和服务，形成更多元的表达方式。

诉求3：自我决策与成长

人们都想要不断做出更好的选择，在选择中寻求自我表达和自身定位，讲述更丰富的故事。

2. 各种年轻的力量造就了小红书之城

小红书的用户是一群快速成长的年轻群体，成长迅速、不设边界。从"城市的设计者"回归到"城市里的普通居民"，这些年轻人的理念不断变化。当然，"年轻人"本身是一个很宽泛的概念，不同地域、年龄的年轻人喜好也不太一样。当我们习惯性地用"潮流""时尚"来揣测年轻人喜好的时候，这些年轻人却又表现出老成的一面。例如，有些人刚20出头就自称"老年人",一边在夜店蹦迪,一边泡枸杞喝养生茶;一边跟风想去浪漫的土耳其,一边又向往乡村小路间的田园风光。

真实、美好、多元是这些年轻人身上最恰当的形容词,也是小红书之城最为看重的三大城市精神,所以,其实是各种年轻的力量造就了小红书之城,这也是小红书成功的秘诀之一。

3. 挑战边界的背后隐藏着一支"不设限"的小红书团队

小红书的"不设边界"不只体现在打造出了一座颇具潜力的虚拟城市,其内部团队文化同样"不设限"。

在管理团队方面,小红书借鉴了英特尔 OKR① 工作法,鼓励员工制定"令人兴奋"的工作目标。在团队合作方面,小红书通过数据共享工具,下放决策权。

小红书还效仿谷歌等硅谷成功的科技企业管理模式,但并非一味地模仿,而是进化出了专属于小红书的企业文化——"有结果、有洞察、有格局、有信任"。

始终鼓励创新、结果驱动的小红书从来不为自己设限,而是尽最大能力做出团队能力范围内的创新。

继"不设限"的内容战略后,小红书团队也开始反思一个问题——一座"城市"中应有的人口构成。

假如是一座真实的城市,那么城市里应当有男有女才对。相对而言,小红书上的用户群体多为年轻女性,男性用户发声较少。所以,小红书接下来的进化方向,就是要拓宽小红书之城的边界,让男性用户参与进来,让小红书用户的身份更加多元、丰富。

例如,针对男性,增加体育赛事、球鞋、男士穿着搭配等话题,邀请 NBA 球星入驻,与《王者荣耀》等热门游戏官宣联动,从而提升男性用户在小红书上的活跃度。

---

① OKR:目标与关键成果法,是一套明确和跟踪目标及完成情况的管理工具和方法,由英特尔公司发明。

随着小红书商业化战役的打响,小红书的内容生态也会越来越丰富。在不断的迭代进化中,一座充满想象空间、体验感十足的虚拟城市正在悄然上线。未来,小红书是否能够继续在复杂环境中不断生长,成为像其创始地上海一样生机勃勃的超级城市,小红书还需要完成更多轮的进化和创新使命。

爆红笔记

小红书为什么敢不设边界?
a. 社区即城市,内容即服务。
b. 年轻力量成就小红书之城。
c. "不设限"的小红书团队。

小红书"燃烧"起来的3把火种

近两年,小红书实行多元化的内容战略,明星用户呈爆发式增长。和其他同类平台不同的是,小红书和明星之间没有任何的商业绑定。最早是在2017年,小红书的运营团队发现林允在小红书设立了自己的账号,并向用户"安利"自己平常用的效果好的美妆产品,带货能力可圈可点。同时,林允借助小红书的魅力,也增加了她的人设和时尚价值。这让小红书团队探索出一个新的策略,即借力明星价值,之后陆续与刘嘉玲、吴谨言、黄子韬等多位明星沟通,鼓励他们用小红书分享自己的生活日常。如此一来,小红书的明星获得了井喷式增长,实现了平台、用户、明星的三方共赢。

然而,单靠明星的力量不足以链接足够多的用户,尤其是在竞争激烈的今天,想要顺利点燃一团火焰,首先要有足够多的火种。

◉ 小红书靠什么点燃成功的火焰

传统的运营思维不再适合今天的潮流,电商领域一向是激烈的厮杀,同期对手除了有美丽说、蘑菇街、网易考拉,还有拼多多这匹被称为"年度黑马"的竞逐者,小红书必须走区别于其他品牌的道路。小红书利用明星KOL(关键意见领袖)、UGC(用户产出内容)分享,通过小红书平台为品牌打造了新的口碑,拓展了营销路径,资生堂、娇兰等美妆大牌就是其中的受益者。

1. 明星带货

在这个疯狂追星的年代，明星的影响力不言而喻。林允等明星的加入迅速点燃了小红书电商的火种，这些明星带来的不只是普通人的姿态，还有实用的产品。

2. 专家种草

现代社会的主要劳动力都是年轻人，他们将大部分时间都放在工作上，轻松娱乐的时间越来越少，即便偶尔轻松一下打开小红书，他们也不会热衷于那些长篇大论要花费大量时间阅读的"鸡汤"，而是倾向于专家/专业人士言简意赅的推荐和碎片化的笔记。

3. 定向销售

小红书在明确了用户的真实需求和发展方向之后，更加明白了让用户分享自己的真实体验要比那些枯燥无味的文字强。这样的小红书打造出来的社区就像好朋友聊天谈心一样惬意自然。

于是，小红书便轻而易举地推开了笔记营销、社群营销、口碑营销的大门。分享即口碑，靠分享打天下，这也是小红书的商业逻辑。靠分享成交是电商的最高境界。小红书上面的分享，是别人购物过后的知识分享，这种分享已经成为最具杀伤力的营销模式之一。在未来，不管是什么商，拼的是谁更懂得利用高科技和更高明的营销模式，更深刻地洞察人心。我们的物质生活越来越丰富，未来用户需要的是越来越高级的娱乐和知识。看谁能贩卖精神，看谁能贩卖知识，这是经营的精髓，也是传播的智慧。

【爆红笔记】

小红书"燃烧"起来的3把火种是什么？

a. 明星带货。

b. 专家种草。

c. 定向销售。

从小红书看社区运营的过去和现在

很多社区产品发展到中后期都会受到这样的困扰：用户越来越多、内容越来越水，品质参差不齐导致高质量用户渐渐流失，经营得再好的社区氛围也会被破坏。

而小红书同样作为一个有着社区属性的产品，从2013年至今已经历了6个年头，在过去几年里小红书平台整体都是以女性用户为主，现在已经开始引入男性话题，在边界内容拓展方面正在不断尝试，不但社区调性没有降低，氛围也没有遭受破坏，反而丰富的内容给平台不断赋能，让平台迸发出新的生命力。

透过小红书，我们是否该重新反思一下对社区运营的认识。

◎ 透过小红书看社区运营的过去和现在

过去，我们在运营一个社区时经常会遇到的问题或难点有：

- 用户获取。
- 氛围营造。
- 内容边界界定。
- PGC 对 UGC 内容的带动……

举个简单的例子，过去我们在搭建一个社区平台时，创作者资源较少，而我们又想打造一个高规格的社区氛围，那么我们就要去寻找能够输出高质量作品的用户。这些用户群体通常是体量小、站在金字塔尖的人。

在资源有限的情况下,这一小撮人通常会被多个平台挖走"榨取"他们的高品质创作力。

尽管居于金字塔尖的用户在社区里起到 KOL、达人的标杆作用,但对普通用户的教育培养能力是有限的,如图1-3所示,从塔尖到塔底的转化效果非常有限。

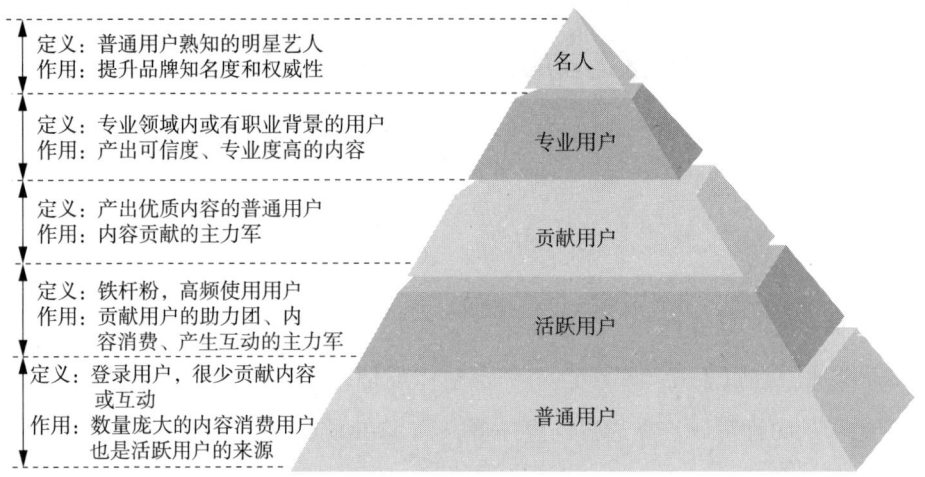

图 1-3　用户金字塔

众所周知,社区运营最重要的是对内容的筛选和质量的把控,而在实际运营过程中,你会发现高质量内容的数量是非常有限的。若想给用户提供足够量的浏览内容,品质往往就会下降。

以上是我们过去运营内容时常常遇到的场景,但在今天,从电商导购到技术分享,内容创作平台越来越多,各类内容的创作者资源都很充裕,挖掘种子用户的渠道也很多。那么,平台获取优质内容和种子用户的难度、成本都大大降低。只要经费充足,甚至只要和经纪公司合作,就能迅速实现早期社区内容运营高质、高量地输出。

一时间,社区内容运营一片红海,新的挑战扑面而来:

- 内容产量增加的同时,运营内容的人工成本如何降低;
- 内容创作的门槛如何降低,如何扩大分享创作用户体量;

- 热点话题如何创造，如何利用活动引发二次创作为社区内容赋能；
- 独特的社区氛围、特色如何打造，怎样与其他社区形成差异化；
- 创作者与日俱增，怎样有效分发流量，同时不挫伤创作者的积极性……

我们不妨透过小红书的社区运营体验来解答上述问题。

1. 发布工具模板化，内容生产标准化

与其他同类电商内容社区相比，小红书在发布工具的产品设计方面，对内容的生产有很强的引导性。可以说发布工具等于内容的调性规则。

小红书的发布编辑器最大的特点是简单易用，无形中最大限度地降低了创作的门槛。在小红书平台，人人都可以通过类似图1-4中的工具编辑器快速分享自己的笔记，几乎不需要用专业的工具和设备去实现创作。

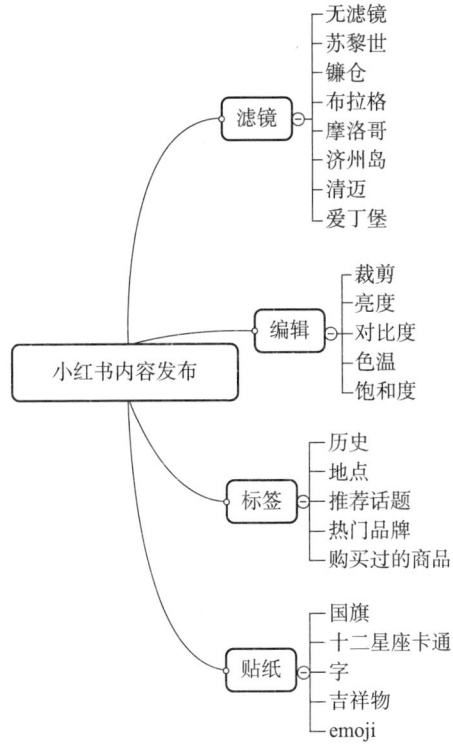

图1-4 小红书内容发布编辑工具示例

如图 1-4 所示，用户可以操作的内容发布编辑工具主要有四类：滤镜、（基础照片）编辑、标签、贴纸，没有过多的功能叠加，简单几步就能完成一篇笔记创作，功能简单却很高效。

A. 滤镜

小红书上的滤镜均是以城市如清迈、镰仓、摩洛哥等名字命名，这个运营的细节很讲究，值得后来者学习，一方面小红书社区的特点就是海购，那么用海外城市取名就很符合这一特点，另一方面这些城市的选择也不是随意选取，而是都带有明显的色调特征，让用户形成了强烈的认知感。

B. 编辑

小红书在展示方面基本可以看成是一个图片型社区。纷繁复杂的图片若不进行筛选、编辑处理，就可能会降低用户的体验度。我们通过编辑风格的选择和数量的控制，可以有效控制图片最终所形成的视觉影像风格。

C. 标签

值得一提的是，小红书的标签属性也颇具特色。在图片上添加相关的标签说明，最初是小红书特有的风格。

D. 贴纸

小红书的贴纸虽然只是一个简单的工具，但是具有很强的 IP 属性，在运营的选择上小红书花了很多心思，国旗、emoji、小红书吉祥物等种类的选择也很克制。

2. 专业的内容分类和话题引导

小红书在内容分类方面，一级分类有三大类：关注、发现、附近。三者基于"人的维度""内容维度""地理位置"，三个维度相结合，以发现优质内容为主，人和地理为辅，构建了一个微妙的"社区广场"。

在"发现"的二级分类下，内容标签上，我们将其和同类型产品网易考拉做简单对比，如表 1-2 所示。

图 1-5 给小红书图片添加标签示例

表 1-2 小红书与网易考拉的内容分类对比

	推荐	视频	时尚	男士穿搭	护肤	彩妆	旅行	美食
小红书				明星	读书	健身	家居	宠物	影视
				婚礼	萌娃	母婴	音乐		
网易考拉	关注	推荐	美颜术	育儿经	养生计	黑科技	洁癖党	赶时髦
			美好家	练身材	趣旅行	书影音	吃吃吃	酷先生

通过对比不难发现，在文案特色方面，小红书较为常规简洁，根据类目的名词而定，网易考拉则是在文案上加了一层包装。

此外，小红书标签的内容更有针对性，更垂直细分。以彩妆和护肤为例，其实这两个品类是挺大的，从用户层面来说，护肤经验与彩妆经验分享的用户通常属于不同的领域，所以小红书的细分更加有针对性。网易考拉将书、影、音整合在一起，相反小红书则进行了细分。

分类的方式一方面体现了内容运营方向的不同，另一方面也要根据内容体量进行拆分、整合，但要根据社区的实际情况来定，同样是书、影、音，倘若整个社区的相关优质内容很少，这种情况再进行拆分，恐怕用户在浏览时就会降低体验感。

因此，在内容分类的运营上，我们需要捕捉潜藏在不同品类之下的用户痛点。如今想要运营一个优秀的社区，就必须在内容的把控、引导上深谙品类、场景的独特性，结合产品开拓出一个有特色的内容生态圈。

说到话题引导，就不得不说说小红书首页的搜索框引导设置话题的入口，大家都在搜"×××××"，鼓励用户在检索感兴趣的内容的同时发现新的内容。

图1-6 小红书搜索框引导设置话题的入口

搜索框是流量来源的重要渠道，很多电商场景下的搜索框运营，几乎如出一辙地将搜索指向导购、促销或产品。但小红书首页的搜索框与商城的搜索框文案则是区分开的。

3. 细节决定体验

对于内容型社区而言，文案、图片、视频都是运营的核心。对内容运营、平台包装得有多细，就意味着氛围、调性的打磨要下多大的功夫。

表1-3　小红书内容运营的细节

内容包装	把内容包装成笔记、专辑的形式，契合女性用户追求的"文艺范儿"和记录点滴生活的诉求
交互设计	可将内容生成封面或者长图的形式结构，视觉感受很舒适，满足了女性用户追求、分享美好生活的心理需求
特色方案	评论框里的特色点评，在交流中营造亲切感（例如，"说点什么，让TA也认识看笔记的你吧""矜持点赞也可以，知音难觅聊一句"，等等）

小红书运营的细节还有很多可以举例，我将在后面章节详细阐述，在此就不一一展开。其实，无论是在过去还是现在，每个社区内容运营的细节都是社区氛围和生态营造的过程，都需要时间的打磨和检验。

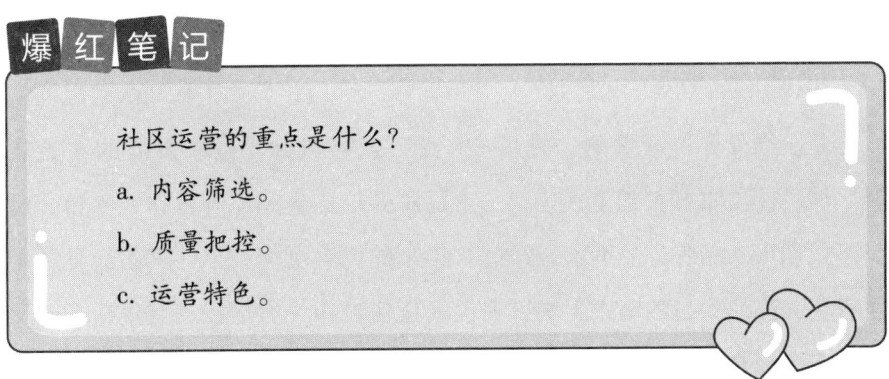

爆　红　笔　记

社区运营的重点是什么？

a. 内容筛选。

b. 质量把控。

c. 运营特色。

重塑城市商业价值的"天花板"有多高

小红书之所以能够在资本市场上接连获得阿里、腾讯这两大互联网巨头的重视，正是因为小红书对于内容的专注。就对阿里的吸引力而言，高质量的原创内容和社交用户正是阿里一直希望拓展的业务领域和想要弥补的短板。

那么，与阿里、腾讯碰撞之后的小红书，在未来它到底是社交还是电商？抑或是社交电商？承认哪个，就意味着小红书未来会在哪条赛道，它的天花板有多高。

◎ 重塑城市商业价值的 RED CITY（小红书之城）

2019 年初，小红书新成立了"品牌号"部门，打通了从社区到电商的全链条。当外界不断揣测"社区+电商"或将成为小红书发展的"天花板"时，小红书却悄悄上线了第一支品牌开屏广告和品牌合作人平台，满足了长期以来品牌方的诉求。经过 6 年来的内容沉淀，小红书已经具备了孕育更大商业生态的健康土壤。目前，这座城市中有居民、有生活、有交易、有多元有趣的体验，在未来，这座城市还将扩张，创新始终是小红书塑造商业价值、拓展城市边界的优良基因与核心竞争力。

通过小红书的"非典型"进化过程来看，未来小红书的发展方向依旧会是一座没有边界的城市。只不过，接下来该如何为城市中的 2 亿用户提供更优质的生活服务是城市建设的关键。

小红书给出的答案是——基于用户的真实分享,重塑商业价值,信任机制、基础建设与文化氛围并行,建立数字城镇,为各大品牌方搭建一个更为健全的平台形成交易市场,打造一座真正为居民提供优质的生活服务的 RED CITY,这样"不设边界"地发展才有意义。

与发展伴随而来的问题是,如何在与用户、商家的互动过程中,确保用户表达的真实性和商家品牌的可信度,尤其是越来越多的小众品牌面临信任成本问题。

为此,小红书推出了重塑与商家设施相配套的信任机制。

1. 确保用户表达的真实性

小红书线上用户有三个属性:匿名、多元化、无边界。如何让用户在这样的条件下遵守规则是小红书要解决的问题。

小红书通过对文字、图片、视频水印的识别相似度,自动屏蔽抄袭内容。为了确保用户评判的客观、真实、可信,小红书实时监控数据发现作弊账号,并通过自动化的机器提前预判可能出现的刷单、恶意评论等违规行为。

依托可靠技术建立的表达机制,能够在充分沉淀用户数据的同时确保用户真实表达。

对商家而言,这些沉淀下来的高质量用户数据是独特的口碑资产,能真实反映商家在小红书的运营状态,以更好地实现"购买→真实分享与评价→再购买"的商业闭环。一来有效提高品牌的触达与转化,二来最大限度地规避数据造假、误导用户导致的信任透支和成本浪费。

2. 确保商户品牌的真实性

品牌商家只有在认证真实账号后,才有资格邀请用户合作发布商业推广笔记,以确保品牌的真实性和唯一性。商家可以查看品牌合作用户的个人信息,包括笔记数据、粉丝数、报价以及 MCN 等数据,据此来确定合作者。在合作过程中,各方的信息完全透明,小红书通过信誉分机制避免恶意竞争。

在信任机制下的真实表达和真实合作,极大限度地降低了品牌与用户间的信任成本,并帮助商家在推广中迅速打开局面。

在2018年宫斗剧《延禧攻略》大热时,彩妆品牌娇兰借势营销,在小红书上发起了"型色攻略"推广方案,联合小红书上的多位明星和作者集体发布晒妆笔记,带动了品牌达千万频次的曝光量。

当然,一座城市的长效有序运转,离不开完善的基础设施建设和信息流通的效率。小红书为了在有限的时间和资源里提高品牌与用户的触达和转化率,建立了专业的技术团队,通过一站式的数据分析服务,为商家与用户的交流做了铺垫,让品牌方节省成本并精准触达目标客群,用最短的时间遇见对的用户。

都说小红书是一座年轻人的城市,聚集了不同身份、爱好的居民,小红书之城雏形初现。基于这座城市的多元化表达,小红书也渐渐形成了真实、美好和多元的城市精神——这正是小红书之城区别于其他同类型平台的独特文化,也意味着小红书的赛道已经明朗化。随着技术的迭代升级,城市的边界还会继续扩张,身处其中的"城市居民"幸福指数也会不断攀升,互相反哺。

如今,这座城市中出现了越来越多主动发声的用户,他们的兴趣不仅在于旅行、美食、穿戴,还带来了更多元的笔记分享。对于身处其中的商家来说,多元化、真实化的表达意味着更多潜在的商业机遇。可以预见,未来随着小红书男性用户比例逐渐上升,小红书的"她→他"经济将会爆发更多潜力。

爆红笔记

未来小红书靠什么重塑商业价值?

a. 用户真实。

b. 品牌真实。

c. 触达、转化率。

第二章
小红书比其他点评类 APP 优秀在哪里

丰富的内容赋能使平台不断迸发新的生命力

"海外购物神器"小红书上的 2 亿多用户,多数以白领、大学生为主,与天猫、京东等常规电商平台上的用户比起来,这类人群最大的特质是欲望更多、消费力更强,对于生活品质的要求也比较高,他们更热衷于采购进口商品。但小红书却不同于传统电商平台到处砸钱投放广告,而是写笔记、分享文字、照片、视频、购物心得、产品测试,丰富的内容赋能使得小红书平台不断迸发出新的生命力,自然推动裂变用户,也让小红书在众多点评类 APP 中更显"别样红"。

◎ 小红书区别于其他电商的本质——内容赋能

基于"特殊"的用户群体,小红书为这些人群提供了一个平台——聚集喜爱分享的人在同一个社区平台进行交流,构筑起了小红书独特的内容城堡,这座城堡里的宝藏有多值钱?看看同类型 APP,也是小红书的竞争对手之一大众点评抄袭事件就知道了。

2018 年 7 月 28 日下午,小红书通过官方微博发布消息称,有大量用户反映,大众点评疑似冒充使用小红书用户名称,并批量建立虚假账号,同时搬运、抄袭小红书用户发布的原创笔记。

小红书宣称在受到大量用户授权委托之后,将采取法律手段全权处理维权事宜,并要求大众点评立即删除所有侵权链接、关闭并处理侵权账号。如图2-1所示,小红书对此次抄袭事件的态度非常强硬。

图2-1　小红书官方微博截图

面对突如其来的投诉,7月29日大众点评通过官微回应称,会高度重视小红书以及小红书用户的投诉,表示已在第一时间排查所有侵权内容同时下线处理,并通过技术手段保证同类问题不会再出现。

我们猜测,这或许是大众点评一时系统漏洞才让个别作者钻了空子,也可能是大众点评APP改版后各项规则尚未完善导致。但是有一点可以肯定,小红书之所以被"模仿",是因为内容的价值太大,为平台带来的流量太可观。

众所周知,大众点评在与美团合并之后,在整体战略上开始向美团靠拢,在同质化竞争越来越严重的态势下,大众点评的流量少了很多,转型效果差强人意。作为新战略里的领头羊,大众点评自然要再拼一把流量。

历经N次改版之后,大众点评采用了图文信息流分发的模式,增加了"出去浪""变漂亮"等全新版块,开始力推服饰、鞋子、包包等时尚领域里的UGC社区内容,同时上线了"Biu小视频"短视频工具,并邀请了一众当红流量明星,如关晓彤、张艺兴、江疏影等入驻平台,这一做法与小红书相似。可是入驻大众点评的这些明星们，分享的内容往往只有几个字且广告痕迹明显、含金量不高，甚至有些明星更是借助平台发起了通稿，推广起自己的作品来，"明星达人"的种草效应远没有发挥出来。

毫无疑问，丰富的内容赋能是小红书成功的关键因素。但也正如小红书官方发布的消息一样，小红书非一天建成，更不可能一键复制。

那小红书内容到底好在哪里呢？

1. 用户自己分享内容，说服力更强

同样的一句广告语，商家不管说什么、怎么说，大家都会觉得是在做广告、推销，但是用户自己分享出来的内容就不一样了，会给人一种超强的真实感与代入感。关键是用户之间没有利益关系，大家会自然地觉得这种"无私分享"可信度更高、不会被骗。

2. 丰富、多元的内容，信息量更大

小红书上的内容虽然丰富、多元，但看起来并不繁杂，小红书平台的一个重要特色就是将全世界用户的优质信息聚合起来，将好的口碑、场景、体验引入社区，解决了信息不对称和实效性的问题。

3. 内容黏性高，社交属性更强

大众点评其实也是做内容的，但由于定位不同，绝大多数用户仅仅是把大众点评上的内容作为去哪里消费的一个决策参考，参考完就走人。

而小红书的内容就不是这样，小红书平台上的用户评论、互动、点赞、转发形成了良性循环，远远超过其他做内容的电商。

4. 对话感强烈的主体内容，分享传播更便捷

小红书上的内容总是给人一种这样的感觉——用户不仅仅是在发表自己的观点，更是在分享自己的购物体验，他们表达的不只是对某个产品的喜爱，不是为了宣传产品而写笔记，而是表明了一种生活态度与理念。

为什么大家会有这种感觉呢？

一方面，这与小红书提倡"生产有帮助的内容"和其定位"打造分享

社区"有关。小红书内容特别强调:对大家有帮助,有价值。

另一方面,这与小红书"笔记"的题材有关。小红书提倡对话体的笔记,就像在唠家常,跟闺蜜聊天,这种方式非常容易拉近人与人的距离,让陌生的用户之间迅速产生情感共鸣。小红书社区内容的对话感甚至强于微博、豆瓣、朋友圈。

可以说,丰富、健康的内容生态之于小红书的意义绝对不限于提供内容本身,内容赋能贯穿到了整个产业链当中,为小红书平台不断迸发出新的生命力提供最有价值的养料。内容夹带着商品信息传递给用户,用户的购买反馈再反哺内容,一来一往的过程让小红书积累了有效的数据信息,有助于入驻小红书平台的商家快速精准地把握用户的真实消费需求,预测未来趋势,科学驱动供应链建设。

而对于中小商家、品牌方来说,小红书平台的内容还将解决卖货困扰,让他们提高销售转化及复购率,降低内容运营难度与成本,帮助推广长尾、非标商品及新品,有效扩大粉丝群体、增加粉丝黏性,等等。在这个树立品牌的过程中,更贴近诗和远方,最终更好地实现品牌价值的输出。

爆 红 笔 记

小红书的内容赋能优势是什么?

a. 说服力强、社交属性强。

b. 信息量大,类型丰富。

c. 对话感强烈,便于分享。

谁是王者：小红书笔记 PK 传统新闻稿

小红书作为目前最为流行的营销方式之一，不仅成了用户们的"种草"后花园，作者们变现、出头的发迹地，更成了各大商家品牌的营销利器。

有人说，那传统新闻稿就没有用武之地了吗？只能说，每个时代、不同的环境下，各大品牌商都有自己的需求。新闻稿不会消失，小红书也会备受宠爱。

相比之下，传统新闻稿属于"泛营销"，也就是营销的针对性没有那么强。如果说传统新闻稿更倾向于利用各种营销方式让用户对品牌有一个认知，那么小红书则是侧重增加用户对品牌的信任度。但无论是哪种营销方式，都是相辅相成的。小红书笔记可以增加用户与品牌之间的联系，通过使用产品的过程和体验让用户对产品有一个最为直观的感受。而传统新闻稿则是利用营销让用户对产品有更多的认知和更深入的了解，促进用户与品牌的互动。

综合来看，小红书笔记由于没有太多的大品牌背书，用户密密麻麻的评论往往给消费者带来感官上的冲击和更为直观的感受，真实的评论加上真实的笔记无形中引导了口碑的导向，所以，小红书的口碑营销效果更好。加上小红书本身具备的商城功能，用户也几乎都是消费的中坚力量，相对的转化能力、带货能力就特别的强，粉丝的精准度特别高，这一点是传统营销模式所不及的。

◎ **不做内容电商也要做优质内容**

有的人可能会说，我不做内容电商，所以也不需要那么优质的内容。果真如此吗？

如今是社交互联网时代，流量为王的时代已经过去，对于任何从事社交电商行业的人来说，无论从事哪一个细分领域，无论是什么样的商业模式、规模有多大，即便是在微信朋友圈发发广告，也需要花心思去打造能够让大家产生共鸣的优质内容。所以，就算不做内容电商，我们也不应该放弃做优质内容。至少，我们可以从小红书上得到一些启示。

1. 善于洞察人性的需求

和购物一样，对于许多年轻女性来说，"晒"同样是刚需。特别是那些从国外扫货归来的人，炫耀的心理急需被满足。但是朋友圈只能被熟人看到，而小红书社区却能让全世界的人看到。小红书为每个普通用户提供了一个展示自己个性和品位的舞台，让每个普通人都有机会成为时尚达人。

2. 坚定"内容社群"的定位

小红书聚集了一大拨对生活品质有追求的活跃用户，尽管是从做海外买货攻略起家，但这些活跃的用户却为小红书社群的形成奠定了基础。后来，小红书为打通内容分享与供应链之间的连接而接入了电商，但小红书只是把电商作为满足用户需求、实现用户体验完整性的环节之一。小红书的内容始终优先于电商，战略定位始终是社区，愿景始终是占领更多生活场景。

3. 打造专业的运营团队

有一支专业的内容输出团队才能培养出高水平的内容输出能力。综观国内内容运营的电商，仅有少数几个构建起相对比较稳定的内容输出团队。倘若运营内容的电商没有优质的内容，恐怕还没有传统电商更具竞争力,这也是当今绝大多数内容电商做不大、做不久的根源之一。

4. 只有内容还远远不够

毫无疑问,小红书的内容是非常优质的,这也是小红书核心竞争力的关键。但这也仅仅是成功的关键要素之一,没有优质内容万万不行,仅仅有优质的内容还远远不够。

小红书从运营社区起家,通过用户自发地分享内容来吸引、留住大量用户,沉淀数据,再通过大数据实现内容分享与供应链完美对接,形成科学、稳健的商业闭环。

小红书的成功,不只因为内容,产品、社群、数据缺少任何一个,内容做得再厉害也不长久。任何带着社交电商基因的运营模式,都是由多个板块组合,互相成就,只是组合模式与侧重点不同而已。

爆红笔记

除了做好内容还应兼顾什么?

a. 人性需求。

b. 精准定位。

c. 专业团队。

明星达人，满足用户对明星生活的好奇心

很多粉丝总是想进一步了解喜爱的明星，而小红书邀请明星入驻分享高质量的笔记，满足了用户对明星生活的好奇心以及渴望了解明星产品使用心得的需求。实在人张雨绮、时髦人黄子韬、带货达人林允都会经常出现在小红书的首页，这些明星所创造的优质内容，无论用户怎么刷都会在置顶的位置出现，目的是用来吸引刚注册小红书，一时间无法获取太多有价值信息的用户群体，同时也能吸引喜爱明星的粉丝用户群。

当我们打开小红书在搜索框输入喜爱明星的名字时，出现最多的关联词就是明星使用、推荐过的同款产品。毕竟，对于普通人来说，明星往往是走在时尚潮流最前沿的缔造者以及美丽的代言人。

在小红书首页有一个模块叫"关注"，如图2-2所示。主要给用户推荐自己经常关注的明星以及明星发布的最新内容，利用这种"特殊"的关系来留住用户。

从用户心理学的角度来说，明星在时尚这一方面有很高的发言权和权威性，明星使用过的产品，往往更具信任感。

另外，使用"自家明星"（自己喜欢的明星）的同款产品，从心理上一来拉近了和偶像的距离，二来也表达了自己对偶像的支持。

图 2-2 小红书"关注"截图

◎ **透过小红书明星带货探究粉丝经济背后的消费心理**

明星使用、代言、推荐的产品更容易受到粉丝们的追捧,尤其是当今大红大紫的流量明星,凭借庞大的粉丝数量(且多是消费能力高的年轻女性)成功为各大品牌带货,吸引消费者。这种明星达人带货的模式,说到底是抓住了粉丝经济背后的消费心理。

1. 借势明星的影响力进行娱乐营销

在娱乐消费领域，明星粉丝是消费的中坚力量，甚至已经成为明星不得不牺牲一部分私人生活时间花心思去维护关系的一个群体。为此，很多商家都会寻找与品牌契合度高的明星，借势明星的影响力进行营销。

从热门综艺节目《创造101》《偶像练习生》引发的热潮就能感受到粉丝经济的强大。很多APP只有充值成为会员、购买节目冠名商的产品，才能享受加倍的投票资格。于是就有了这样的现象：粉丝们一口气充了好几年甚至几十年的会员、囤了满屋的产品。就算自己用不上也要无条件支持自家的"爱豆"①。这就是粉丝经济，在人们的经济水平、消费水平越来越高的情况下，精神消费所占的比例也越来越高。粉丝经济早已不再是单纯的"饭圈文化"②。如今，粉丝经济已经成为重要的营销方式之一。无论是品牌、网红还是偶像明星，谁有了粉丝数量的支撑谁就赢得了市场。

2. 借力粉丝的忠诚度打开庞大的消费市场

从现在的流行趋势来看，粉丝为偶像消费已经成为稀松平常的事情。买明星海报、代言的周边产品、看演唱会，这种消费方式已非常普遍。从郭敬明的《小时代》系列，再到韩寒的《后会无期》，就算电影观赏价值不高，花钱买点电影周边，刷几张电影票支持下自己的偶像似乎都是平常事。这些"疯狂"的粉丝既有消费欲望，也有消费能力，他们通常会加入喜欢的偶像后援会，定期购买偶像代言的产品，参加应援活动，看似"脑残"的行为实则体现了粉丝超高的忠诚度。而一个明星偶像背后几百万、几千万的粉丝数量，对商家而言，足以形成一个庞大的消费市场。

小红书正是利用粉丝和明星的联动效应，借助本身社交电商的关系沉淀能力，基于社交体系实现"粉丝经济"的同时，与用户建立稳固的关系，把自己推向"获取粉丝经济的最佳平台"的位置，从而不断在推陈出新的市场

---

① 爱豆：网络流行语，英文IDOL的音译，意思是偶像。
② 饭圈文化：饭圈，粉丝圈子的简称，指代粉丝群体，通常带有贬义色彩，由蔡徐坤事件后引申出对饭圈文化的讨论。

获取更高的占有率,这也是各大品牌商家推广、运营小红书的关键。

爆红笔记

"粉丝经济"有什么用?

a. 娱乐营销。

b. 打开消费市场。

热门话题，追逐热点是最好的引流

小红书平台每隔一段时间就会在社区推出一些新活动，通过设定不同的主题，引导用户分享相关的笔记，同时也满足了用户追求热门话题的心理需求。用户对社区中那些有趣又有用的话题，参与感也更强烈，在这个过程中还能交到和自己有同样兴趣爱好的好友，也增加了用户之间的互动。

用户会产生参与感，这其实说明了这个时代的年轻人对于追逐热点潮流的脚步从未停止。在这个信息迅速传播的时代，没有人愿意因为信息滞后而与所在的社交群体产生距离感，这不只是用户的心理需求，也是一种社交需要。

◎ 热门话题是把"双刃剑"，且引流且珍惜

在互联网越来越发达的今天，网络上每一个热门话题都可能成为商家的营销利器。只是很多人还不了解这些所谓的热点是如何产生的。为什么说把握住了热门话题，就能在小红书平台高效地引流？

我将在第四章详细阐述"追热点"的运营策略，在这一节我将通过最基本的心理学知识全面分析热门话题这把"双刃剑"。

心理学观点认为，情绪是情感的延伸，而情感则影响着人体的行为。哈佛大学心理学博士、美国科学促进协会（AAAS）研究员丹尼尔·戈尔曼是这样定义情绪的：情绪指情感及其独特的思想、心理和

生理状态，以及一系列行动的倾向。而群体的无意识行为则是深埋在一种大环境、受民族文化潜移默化的影响，逐渐沉淀下来的性格或者说是情感。

当一个热门事件恰到好处地点燃了这种沉淀后的情感，群体无意识行为便产生了，因此这种行为我们不能单纯用理性思维来衡量。这种心理现象无处不在，并且一直默默地影响着我们的思维和行为。

关于通过热门话题制造情绪波动，触发群体无意识行为，最简单的例子是：在现实生活中，如果你想说服另外一个人去帮你做一件事，很多人一开口会说："这件事对你来说一点也不难，没有什么大不了的，事成之后我肯定请你吃饭。"

这句话中暗含这样几层意思：

第一，你成功完成这件事就能获得我给你的奖励（心理上的奖励输入）。

第二，你要想得到我的奖励只要完成一件很简单的事就可以（几乎等于零的犯错成本）。

第三，具体是什么事情开始先不告诉你（信息不对称）。

第四，让你觉得我是比较认可你的能力的（心理上的奖励输出）。

第五，让你觉得帮助我那只是举手之劳，小事一桩（减少对方思考过程、增加对方思考惰性，形成条件反射式地"答应"）。

这只是日常生活中的一个很简单的例子，虽然我尝试让你来帮助我，制造了你的情绪波动，但一对一的行为传播力是非常有限的。

我们如果把这样的行为放大到网络，基于互联网强大的传播能力，触发群体无意识行为的可能性就更大。之所以说"热门话题"是把双刃剑，是因为追得好，它能为你造势宣传带动流量；追得不好，恐怕会适得其反，短时间内掉粉。

在小红书平台制造热门话题之前，我们首先必须清楚应该利用热门话题的哪些特性来宣传造势。

1. 热门话题让传播的人获取心理奖励

奖励的方式有很多种，比如物质奖励和心理奖励。而心理奖励，就是指个人完成一系列行为后，通过自我暗示或群体暗示获得心理上的满足。

今天，大部分人的物质生活条件越来越好，人们也从对物质奖励的需求升级为对精神奖励的追求。无论是去众筹平台捐助陌生的患者，还是在直播平台不惜花重金博得红颜一笑，这种心理奖励机制在我们日常生活中已经非常普遍。

如果我们恰到好处地运用一个热门话题，使每一个受众都成为主动传播者，那么这种奖励机制就能够让用户在输入和输出信息的过程中获得精神上的满足。

当然，丰富的物质奖励同样可以促使用户传播，但高额的成本并不是每个品牌商都能承受的，而且由于物质奖励是可以被衡量或者比较的，它所建立起来的忠诚度时效短，趋利心理是人的本能特征之一，但凡能够化作具体实物的可衡量的奖励，迟早会败给更为丰富、高额的物质奖励，这个奖励则很可能来自你的对手。

2. 信息不对称容易影响传播者的判断力

在现实的市场经济活动中，大部分人对于信息在传递过程中的理解都是有误差的。那些对信息理解比较充分的人通常处于有利地位；反之，信息贫乏者则处于不利的地位。同理，信息的获取量也会影响个人对信息的判断力，一个人若是信息量匮乏，其判断力就可能下降。

导致信息不对称的原因有两个：一是受传播者个人思想、情绪等内因影响；二是受到群体压力等外因影响。所以，包括第一传播者在内，除了信息源以外的所有人都不可能100%还原信息源。

我们可以将第一位传播的人看作是掌握信息最充分的人，处于最有利的地位，相对地，被传播者则是信息匮乏的人，处于不利地位。

处于不利地位的这个人会怎么样呢？

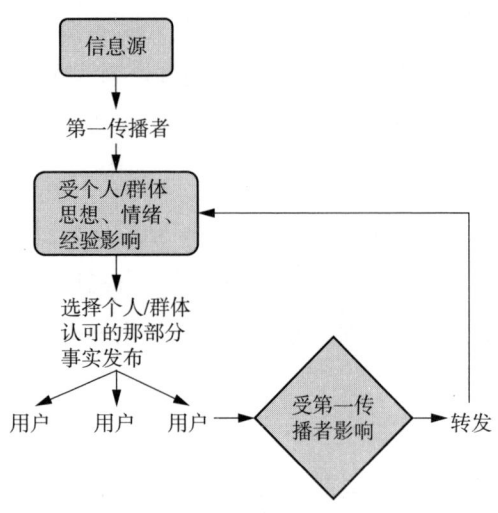

图 2-3　信息从传播到转发的模型

由于信息获取不足，判断力下降，从而被第一传播者影响并成为其传播的载体，这种情绪还会继续影响下一个被传播者的判断力。

3. 犯错成本低易引发大规模传播

所谓犯错成本，其实是一个相对的概念，每个人都会权衡利弊，当犯错成本和预期所获利益成反比时，人们更倾向于获取利益的行为。因此，我们所说的犯错成本，更多地是指个人在传播热门话题后所付出的代价，包括时间、金钱、体力；来自其他用户的压力、群体的惩罚。

在目前互联网的传播大环境下，传播者在进行主动传播信息时，惩罚相对较轻，无须花费太多时间和体力，复制、粘贴、转发就可以一键快速传播信息。

值得一提的是，任何涉及道德评判的热门话题，我们应该谨慎对待，如果一旦无法100%还原信息真实度，则无形中增加了犯错成本，犯错企业的公信力和社会名誉就会大打折扣。

4. 利用思维惰性和思维惯性引发条件反射式传播

缺少积极主动的思维意识和心态都属于思维惰性，意识更多地代表一种能力，而心态则更多地代表一种意愿。热门话题通常用思维惰性和惯性这两种方式减少用户积极主动的思维心态，久而久之形成惯性思维，使用户在阅读热门话题时形成条件反射。

热门话题是把双刃剑，有时候割伤的不光是数据和流量的账本，更是人性与良知。无论制造多么热门的话题，少一点教科书式的数据分析，多一些人性的洞察与感知，话题有价值，品牌才会有流量。

爆红笔记

热门话题的特性：

a. 获取心理奖励。

b. 信息不对称。

c. 犯错成本低。

d. 条件反射式传播。

美颜滤镜，给你好看的皮囊，也给你有趣的灵魂

关于美颜滤镜，小红书的一个贴心功能就是，用户可以直接在小红书软件中完成修图和滤镜添加，免去了使用其他美图软件再一键转发的烦琐操作步骤，让用户可以通过小红书就能直接生成满意的图片，既节省了时间，又满足了用户对美的追求。而美丽动人的图片最直观的作用就是，在短时间内增加用户粉丝数量、扩大社交圈的范围，吸引更多用户。当用户获得较好的反馈后会更加乐于分享，这样小红书社区在分享方面就形成了一个良性的循环。

◎ 滤镜时代——要好看的皮囊，也要有趣的灵魂

"频繁使用滤镜美颜可能诱发心理问题"这条曾经引发争议的热搜，是由波士顿大学医学院研究人员提出的。他们认为，滥用滤镜，时间久了可能诱发"体相障碍"（Body dysmorphic disorder）的心理问题。简单来说就是自己想象外貌有缺陷，并且由于过度关注而诱发消极情绪。当然这种假设并未被最终证实，因为在很多用户看来，不用滤镜，才更容易被自己的样子吓到。

在小红书上，"滤镜"的脸谱通常有以下八类，欢迎各位对号入座！

1. 重度自拍症患者（典型的皮囊不好看不敢发布型）

这类用户总是标榜"三分天注定，七分靠滤镜"。他们热爱自拍，且热衷于高质量的自拍。说白了，为了展现自己最好看的皮囊，他们是典型

的完美主义者。甚至每天的穿着、妆容看起来都要跟当天的天气很搭，据此来选择最适合的滤镜。

不不不！这只是小场面！他们连自拍姿势都有讲究技巧，但滤镜一定是不管在哪里都必不可少的"灵魂元素"。

2. 美食+滤镜，一秒变网红

有一群美食爱好者，在他们看来，为美食加上各种各样的滤镜就好像给美食开了光一样令人神往，做出来不够养眼的美食在滤镜的光圈下瞬间变成"网红脸"。于是便有了N小时制作、N小时排队终于等到心心念念"高颜值网红美食"的传说。

3. 滤镜下的加班狗格外勤恳

诗和远方是所有加班狗的向往。而滤镜修过的图则是加班狗们最向往的诗和远方。

多数加班狗们长期兢兢业业搬砖到深夜，总是最后一个离开。当他们45度角抬头仰望那摩天办公大楼的时候，往往会感叹自己与梦想的距离，就像那到不了的外太空，既神秘又恐惧，更多的是滤镜下那淡淡的忧伤和微光。直到终于和堆积如山的工作Say Goodbye的那一刻，一盏万家灯火，一份烛光晚餐，一个爱心滤镜，活脱脱一只加班狗最心疼自己的真实模样。

4. 不停出差的"飞机星人"

纽约，你好！

伦敦，再见！

不停在世界各地穿梭的"飞机星人"，恨不得每时每刻都在"环游中国"甚至"世界"。然而，他们对于城市的印象，却只停留在透过机舱窗口所看见的风景。由于时间紧迫，他们根本没有时间好好感受每座城市的气息，除了奔波，从国外带货，似乎也只能为每座梦幻的城市修个图、加个滤镜了。

5. 更痛快的燃脂狂魔

比起实打实的燃脂运动，为运动的画面加滤镜才是这个世界上更令人痛快的事。哪怕健身 10 分钟，自拍 1 小时。即便如此，每次从健身房出来，看着滤镜里的自己，还是会有种分分钟就赴一场维密秀的美丽幻觉。如此卖力的健身，怎能不多拍几张吸引眼球的健身房大片，再加上美丽炫酷的滤镜，"骄傲的健身达人"几个字恨不得马上要溢出屏幕！

6. 戏精本精分分钟拿下奥斯卡

如果人人都是一出戏，那么一场滤镜一场戏。有些用户沉浸在自己的世界里卖力演出，内心戏码相当丰富。

脑洞大开之时，戏精本精附体，仿佛有分分钟拿下奥斯卡的本事。

例如，当你路过一所青春气息满溢的学校，你会不自觉地想起自己纯真的少年时光，那天微风正好，天朗气清，那时你眼眸如水，在操场自由嬉戏……想着想着泪水打湿了眼眶，于是你立刻拿出手机打开拍照模式。一边拍摄一边添加滤镜，甚至感叹起"青春正好，我还未老，有你真好"……

7. 佛系（无所谓）青年

在对待到底加不加滤镜这个事情上，始终内心平静如水，加与不加都无所谓。加吧，什么滤镜都成，你来定吧。不加吧，似乎出于社交礼仪，最终还是决定加滤镜比较完美。

8. 没有 INS 风拯救不了的照片

很多专业运营小红书的作者，都拥有出神入化的修图技艺，只需几个简单的步骤就能将手机里看似平淡无奇的照片"化腐朽为神奇"，变成简约、时髦、有腔调，高端、大气、上档次的 INS 风！

在 INS 风的滤镜下，只有没见过的照片，没有拯救不了的照片！

这么多脸谱有没有符合你的那一种呢？

为什么现在会有那么多"不加滤镜会死星人"呢？其实很好理解，没有人不爱更好的自己和更美好的世界。

当滤镜从用户的专业技术行为悄悄变成了一种日常晒图方式，滤镜越来越成为一种心态，一种现象，一种正在形成的时代底色。其实滤镜不只是带给你好看的皮囊,添加滤镜的创作过程远比你想象得更有趣,它远离真相,却也更靠近内心;它放大了美好,也巧妙地遮蔽了丑陋。滤镜不只是小红书独有的功能,它其实是一种"人之常情",正因为这个世界不够完美,我们才需要用滤镜来创造完美世界。

爆 红 笔 记

好看皮囊与有趣灵魂哪个更重要?

a. 美颜滤镜最重要。

b. 真实表达也重要(不要太假哦)。

标签贴纸，生活日常也可以鲜活起来

小红书里的标签贴纸这一功能满足了用户增加照片美感的需求，让静态的照片看上去更加生动好看，同时也可以吸引用户浏览笔记，增加点击率。另外，标签贴纸的添加相当于给图片增加了说明。重要信息一目了然，不用对照复杂的文字就能秒懂图片意思。图片鲜活了、生动了，用户也节约时间了。

◎ 标签贴纸加得好，用户喜欢还能带来高转化率

只有让用户更喜欢你的内容、产品、活动……才能带来最终的流量转化。要想实现这种高转化，加标签贴纸是一种非常实用的方法。

当用户上传图片时，小红书是自带贴纸功能的。这些贴纸有很强的IP属性，往往和内容话题紧密结合。用户在上传时带上贴纸会提升整个社区的讨论氛围，也为自己增加人气。用户根据照片内容的场景来选择合适的贴纸即可。

而标签通常是对用户进行分类的一种工具，其精细化程度将直接影响运营效果。

为用户添加标签是为了让运营者对他们有个总体判断。如这个人是"白富美"、那个人是"情歌王子"……加好标签会让你更加了解用户的喜好和想法。

通常情况下，用户标签分为两大类："静态标签"和"动态标签"。

图 2-4　小红书的贴纸

1. 静态标签

包括用户的人群属性,如性别、年龄、职业、地域、收入、婚姻状况……这些标签的作用在于帮助运营者更好地掌握用户的消费能力、频率等特性。

2. 动态标签

通常指用户变化信息而形成的某些特征,也被称为行为轨迹信息,包括购买属性和行为属性。

例如,你用手机登录某宝电商APP,昨天浏览过哪些产品,今天收藏了哪些产品,一天内登录几次APP……这些都可以称为用户的行为信息。通过这些信息来提取用户的动态标签,就可以明确用户对什么商品更加感兴趣，从而更好地改进后续产品和服务。

而从这些行为信息中提取出的标签，则是用户的动态标签。运营者通过这些动态标签就可以明确该用户对什么商品更感兴趣，从而为后续的商品推荐做准备。

如何才能漂亮地给用户打上标签？在此我先做一个简要的说明，具体的方法我将在 PART 2 运营部分详细解读。

1. 收集数据

首先，我们可以通过问卷调研、后台数据、用户访谈、研究报告和文献资料等方式收集用户的数据。其次，对这些数据进行加工分析，提出能够描述用户特征的关键词。

当我们费力从万千信息中提取出标签之后，就意味着在很大程度上掌握了目标用户的基本特征、购买习惯等，从而有助于更有针对性地开展活动。

2. 触发场景化感知

我们现在所处的大数据时代，信息流动迅速、频繁，通过给用户打标签，集中管理用户的属性，是触发用户场景化感知最好的选择。

通过触发不同场景下的活动，提升用户的体验和参与度，从而提高活动转化概率。

可见，用户标签是用户画像的可视化形式，当我们在小红书做运营时，就可以根据不同的活动需求，添加适合的标签类型，更有针对性地策划营销活动。

对用户来说，小红书的这一功能设计，既方便写笔记的人晒单，也方便看笔记的人种草。

爆红笔记

标签贴纸好在哪里?

a. 用户画像。

b. 精准定位。

c. 人性化。

全球好物，跨境电商确保品质、排除假货质疑

随着中国经济的发展，新中产阶级不断扩大，国内用户的消费能力得到显著提升，尤其是年轻人对生活品质有了更高的要求。可惜的是，目前国内整体产品品质和企业创新能力都还比较弱。随着出境政策逐渐开放，用户的视野才渐渐得以扩大。

越来越多的人发现很多境外商品不仅设计独特，颇具创新，品质做工也十分精良。但同样的品牌，国内外价格却差了一截，为此很多年轻的消费群体开始关注国际消费品。

这些因素导致了用户对境外购物的热情高涨，但与此同时也产生了一系列的问题，比如境外购物麻烦、不容易选择等。

小红书初期从解决用户"难选择"的问题切入，看似无聊的问题却成了最有力的切入点，让小红在这场跨境之争中打赢了漂亮的侧翼战。

小红书很好地诠释了周鸿祎在《我的互联网方法论》中提到的这段话："在体验经济时代，要从用户的角度来看问题，从巨头们看不到、看不懂、看不起的小处着眼切入市场，通过快速地、持续地改进产品的用户体验，从而达到颠覆市场格局的目标，这种持续不断的创新就叫微创新。"

◎ 不懂得做电商的平台不是好社区

2013年，小红书创建于上海。当时，创始人毛文超和瞿芳发现聚焦出境旅游信息分享的平台不少，但在海外购物信息分享这个领域尚处于空白状态。凭借敏锐的判断，两位创始人认为海外购物信息分享会是一个巨大的市场机会，于是杀进了这个领域开始创业。

众所周知，小红书最初的产品形态只是一份PDF文件的《小红书出境购物攻略》，放在小红书网站上供用户下载。令人意想不到的是，这份PDF文档放到网站不到一个月，下载量就高达50万次。

到了2013年下半年，移动互联网取代PC互联网，几乎所有的互联网企业都在加速移动端的布局。毛文超与瞿芳带领团队赶在了2013年的圣诞节前夕，在苹果手机应用商店上线了主打海外购物UGC分享的"小红书"APP。

一时间，大量用户开始在小红书上畅所欲言，分享和交流自己用真金白银"砸"出来的境外购物心得，包括每个商品的价格、品牌、包装、购买地点等详细信息和使用心得。

UGC的内容生产模式成为小红书最重要的产品决策，也形成了贯穿小红书发展始终的"分享美好"的社区基因。

很快小红书就完成了种子用户的积累。

2014年春节档，大批出境旅游的人们在Apple Store搜索海外购物的APP时，小红书成了第一个被搜索推荐的应用。

凭借精准的市场定位和差异化的内容，在没有做任何推广的前提下，2014年春节期间小红书第一次迎来了用户的爆发式增长。

紧接着小红书社区里分享旅行、美食的内容也越来越多，这促使小红书开始考量是否要从海外购物延展到其他品类，比如引入代购进入社区分享购物信息。

也许，创业初期的小红书从没想过要做电商，但很显然小红书的社区内容与交易更为贴近，于是，小红书在2014年没有供应链，也没有电商经验的前提下，做起了跨境电商业务。

2014年是国内跨境电商集中爆发的黄金时间。无论淘宝、网易考拉等巨头，还是新兴的创业公司都开始在跨境电商的赛道上发力。只是，小红书并不愿意将自己定义为一家电商公司。

只做"真实"用户的购物策略分享——这样的理念激发了用户在小红书社区分享的积极性和热度。因为用户分享的内容更加真实、聚焦，让小红书的海外购物分享社区业务在行业内名声大噪，吸引了越来越多的忠实用户和品牌合作商加入。那时的小红书还只是逛不能买，一时间成为大量用户在线下或者在海外消费做购买决策时的重要参考。

近几年，随着人们生活水平不断提高，国人跨境购物也变得更加频繁，尤其是近几年的跨境电商更是发展迅猛。当然，发展中依然存在着很多问题，如假货当道，用户该如何更好地分辨商品真伪。为了更好地解决这个问题，小红书采取自营和保税仓结合的模式，在把控商品品质的同时，满足了用户更高的需求。

抓住了当年跨境电商的政策机遇和红利，小红书开始在APP内为用户提供跨境电商的服务，实现了用户从发现商品到购买商品的商业闭环。

创业早期只专注做海外购物分享的策略，聚焦内容、用户和品牌，在用户心中树立了专业认知的形象。同时，正品保障和优质的用户流量，又让小红书成功地通过"社区+电商"模式，找到了商业化变现的通路。

爆红笔记

凭什么相信小红书上没有假货?

a. 真实内容分享。

b. 自营店铺+保税仓。

PART 2 小红书怎么玩
——爆款笔记运营从 0 到 1

2019 年 6 月 6 日晚，小红书创始人瞿芳、毛文超在其发送的内部信中披露，截至目前，小红书月度活跃用户已经突破 8500 万，多行业 UGC 内容获得了 10 倍以上的增长。内部信中还显示，在过去的一年，小红书家居装修社区内容增长 10.1 倍，科技数码社区内容增长 11.4 倍，音乐社区内容增长 8.5 倍，婚庆社区内容增长 10.4 倍，养生社区内容增长 11.6 倍，宠物社区内容增长 8.6 倍。

这些增长的内容背后是增长的账号和优质的内容运营。那么，小红书账号是如何运营的？怎样深耕小红书产品推广，使之迅速上热门？可复制的运营策略有哪些？

第三章
精准定位：作为用户，在小红书上能做什么

知己知彼：为什么小红书的定位是"标记我的生活"

2019 年 1 月 26 日，小红书悄然"上新"。其标语从"标记我的生活"变成了"找到你想要的生活"。

2019 年 7 月 30 日，小红书因"内容涉嫌违规"被下架。

2019 年 10 月 14 日，小红书在下架 77 天后重新上架，并且又重新恢复了"标记我的生活"这一 Slogan。可见，小红书下架期间调整的不只是内容，同时也不断地寻找、确定自己的定位。

知己知彼，百战不殆。

作为用户，想要在小红书平台为自己赢得一席之位，首先就要清楚小红书这个平台本身的定位是什么，才能在此基础上找到自己的定位。

那么，你知道为什么小红书的定位是"标记我的生活"吗？这个定位是从何演进而来的？它对我们摸清自己的方向有什么启示？

◎ 从 Slogan 之变看小红书定位进化史

薯宝宝们先来猜一猜，以下几个 Slogan 分别是哪个 APP 的？

- 记录美好生活。
- 记录世界记录你。
- 随时随地发现新鲜事。

- 标记我的生活。
- 我的美好世界。

答案依次是：抖音、快手、微博、小红书、考拉。

你有没有发现，其实抖音、快手、小红书这几个 APP 的 Slogan 是非常类似的。

单从小红书 Slogan 的几次演变来看，我们不难发现小红书的定位也在逐步转变。

从最早期 2014 年的"找到国外的好东西"，到 2015 年的"全世界的好东西"，再到 2016 年的"全世界的好生活"，到大家最熟悉的"标记我的生活"，再到 2019 年上半年的"找到你想要的生活"，最后又回到"标记我的生活"。从最初的海淘攻略，到跨境电商，再逐渐向社区电商的模式过渡，成为现在的生活方式分享平台。

阶段 1：2014 年——"找到国外的好东西"

小红书自 2014 年上线了"福利社"版块。随着内容的商业化逐渐落地，这一时期的小红书定位是海外购物分享社区，瞄准的是跨境购物市场。这个时期正是我国跨境旅游飞速发展的阶段，出国留学、游子归国的人数不断攀升，他们为国内的居民带来了优质的海外产品，同时将国外的消费理念、消费习惯传递给国内用户，让国人"大开眼界"的同时刺激了国内跨境消费的需求。

阶段 2：2015 年——"全世界的好东西"

小红书在尝到了跨境购物分享社区的甜头之后，继续拓展市场，把"好东西"延伸到全世界的范围内。这一时期的小红书建立自营保税仓、海外仓库，同时开始与澳大利亚品牌 Swisse、Blackmores，日本松下电器、卡西欧、药妆店集团麒麟堂等多个国外品牌达成了战略合作，确保用户买到的是官方正品，解决了用户在购买海外商品时对质量的诸多顾虑。

阶段 3：2016 年——"全世界的好生活"

从这一阶段小红书的 Slogan 来看，小红书开始标榜"让全世界的好生活触手可及"，而此时我国经济也进入了新阶段，品牌建设氛围日渐浓厚。2016 年下半年，小红书拓展了第三方平台和品牌商家，实现了全品类快速成长。2017 年，小红书获得了"中国品牌创新奖"的殊荣，近 10 亿次的笔记曝光量帮助全球无数消费者做了消费决策。小红书最大的优势是坐拥上亿用户的信任，千万年轻的用户用一篇篇真实的小红书笔记分享日常生活中的点滴，无论是吃了哪家好吃的餐厅、买了什么好东西、住了哪家好的酒店，或者体验了怎样新鲜、个性化的生活，这些优质笔记让小红书成了当之无愧的全球最大的品牌口碑库。而小红书也在不断满足用户对美好生活的需求的同时，进行品牌创新。但小红书的愿景远不止如此，它更渴望与国内的用户一起走向世界、成为世界级的知名创新品牌。

阶段 4：2019 年上半年——"找到你想要的生活"

在 2019 年初，小红书的 Slogan 短暂地使用了"标记我的生活"。2019 年 1 月 26 日，小红书就从"标记我的生活"变成了"找到你想要的生活"。

在新推出的一则 15 秒的视频里，小红书撕掉了"白富美"标签，伴随一系列快闪镜头和洗脑歌，为视频增添了许多富有新年气息的亮色。

最新的标语不禁让大家都很好奇，"你"想要的生活到底是什么？

这个阶段的小红书属于不断商业化的阶段，足够多的用户开始在小红书种草，这时小红书要吸引更多用户下载、找到其他用户分享的生活标记。其实小红书此时侧重扮演"导购"的角色，吸引更多普通的用户加入种草行列。种草的用户越多，去小红书做标记的人就会越多。

阶段 5：2019 年下半年——"标记我的生活"

"标记我的生活"最早从"全世界的好生活"演变过来。"全世界的好生活"是强调好物推荐，而"标记我的生活"则是强调社交，可能以后会利用更多大 V 红人来分享导购。但二者的本质都是导购的性质。所以不难推断，小红书要更靠近社交+导购这一趋势。

实际上，改变的不只是 Slogan 这么简单，小红书的内容同样在不断升级优化，比如最近几次的改版，小红书不再只是力推美妆相关的内容，现在开始把读书、美食、旅行等标签画上重点，引导用户发布与主题相关的心得体会。这说明小红书在扩充社交内容的同时，福利社延伸出的品类也越来越多。这说明小红书的野心也在一点点变大，一方面是要做一个更注重图片和视频化的"微博"社区，另一方面也想同时进行导购，形成商业闭环。

沿着小红书的 Slogan 几次转变的轨迹，你会发现，小红书的定位也在根据市场变化不断调整。总结如图 3-1 所示。

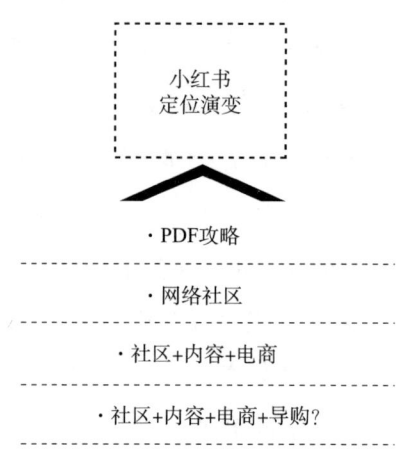

图 3-1　小红书的定位演变

最初，小红书只是一个 PDF 攻略平台，之所以能火起来完全是因为在它上面可以下载整理好的免税店攻略，每个免税店一个。这有点类似于当时很火的穷游攻略，属于一个偏工具化的产品。但很快，半年后小红书就发现这个模式不可行，穷游攻略、工具市场难以做大。于是，小红书就开始做网络社区，仅用了一年的时间，小红书"福利社"上线了，正式开始了社区（内容）电商。由于当年国家对跨境电商的利好，海淘异常红火，小红书一下子就从很多家跨境电商平台脱颖而出。直到今天，小红书逐渐撕掉电商的标签，换上内容平台的标签。

对于现在的小红书来说，最初那个"让全世界的好生活触手可及"的梦想已经越发清晰和接近。小红书的下一站，一定是更加真实、美好、多元的城市，并继续为这座城市里的人，尤其是爱美的年轻女性提供更丰富的生活方式上的相关指南。

爆红笔记

小红书定位究竟是什么？

a. 标记我的生活。

b. 社区+内容+电商+导购？（未完待续……）

定位第一步：建立账号并根据个人特长/喜好选择垂直板块

美妆护肤、美食、旅行、育儿、健身，到底写哪方面才好？很多薯宝宝们在初次接触小红书时会有些无从下手、一头雾水的感觉。

其实，无论什么样的平台，都有自己特殊的用户基因。例如，你在军事社区聊一些娱乐八卦新闻，肯定会很不受用户待见。因此，我们在入驻一个平台时，首先应该对自己入驻的平台有一定的了解，这将有助于我们更科学地定位自己的账号。你的账号只有符合这个平台上的用户群特征，你今后发布的内容才更容易被社区推荐。

如果我们在百度搜索框检索"小红书账号"会发现，前面几条都是关于买卖小红书账号的信息。可见，无论个人还是商家，对于优质小红书账号的需求量非常大。

然而，很多从商贩那里买回的账号大部分都是私人手机注册的，基本上是登录不上的，只能使用一些特定的第三方软件登录。

因此，玩转小红书的第一步，就是要掌握运营最基础的操作技巧——建立一个专属于你的优质账号。记住，再优秀的薯宝宝也要有一个属于自己的优质账号！

1. 下载一个小红书

下载 APP 之后按照平台要求的方式，一步步进行注册就可以了。

如果是手机号码注册，可同步直接申请个人认证。有些人会选择快捷登录的形式，也就是选择微信、微博或者 QQ 直接登录。当然这样也是可以的，但为了后期账号的管理，切记一定要设置绑定自己的手机及设置好登录密码。

注册过程中会出现一个兴趣标签的选择。

新用户注册时必须选择 4 个感兴趣的内容。这些标签不仅决定了系统会主动为你推送什么内容，还决定你日后输出的内容。

举个例子，如果你是健身领域的，那么可以选择健身、减肥、美食、时装搭配等，这其实就是你在小红书的定位。

2. 选择一个昵称

小红书上的昵称每个月可以修改一次，最多不能超过 12 个字。我一直要求达人们在全网的名字是一致的，因为这样比较容易让关注你的人更容易找到你。接下来我给大家推荐几个选择昵称的方法。

◆ 用自己的名字+你所从事的行业

例如，营养师、化妆师等职业加上自己的名字，这样更容易让人了解你是做什么的并且清楚地记住你。

◆ 可以直接把微信名字设置成小红书昵称

直接用你的微信号，比如说我的微信号是 Nancy 暄，我可以直接把微信号作为小红书的昵称，前面不要加 V，因为小红书是比较严格的，不可以有微信的字眼或者代表符号。除了微信信息资料外，还要避免在小红书昵称及个人介绍中带有代购、广告等相关的字。

以下内容绝对不能出现：

（所有规范均包括用户名、个人资料、评论、笔记、专辑）

（1）广告销售信息。

（2）不合规的联系方式推广。

（3）不友善的行为语言。

（4）侵权、盗版、虚假、无意义内容。

（5）伪造虚假粉丝数、阅读数、收藏点赞数等异常行为。

（6）色情低俗、暴力恐怖、赌博类内容。

(7) 违法违规内容。

(8) 诱导分享、非原创、其他软件的账号或水印信息的内容。

如果违反了以上规定，100%会被封号。用微信号做昵称也是为以后引流埋下伏笔。不管是微信还是小红书的名字，最好都不要太复杂，例如，加上一些表情符号、火星文字、繁体字、生僻字等，增加了用户打字的难度。

记住，好的昵称更有助于用户搜索到你。

3. 设置一个头像

头像的设置建议用真人头像，这样可信度比较高。要清晰度高、简单的背景，可以选一些自拍的美照，好的头像带来好人缘。另外，也可以选一些"萌萌哒"的头像，别以为卖萌会拉低自己的格调，其实包括那些用艺术字做的头像，许多设计也是"萌萌哒"。很多成功的大号也都喜欢时常卖个萌，这样可以拉近和"吃瓜群众"的距离感。

4. 设计一个个性签名

个性签名其实也是一个自我介绍，可以写一些走心的内容，比如你分享领域的一些介绍，切记一定不能打广告。同样这里也不能写加微信，否则会被举报或者被删号。如果你有公众号或者微博号，可以用谐音打出来引导关注。关于自我介绍可以是：90后辣妈，爱娃，爱家，爱生活，爱时尚，爱败家，真心分享，或者是自己的名字加机构的名字再加自己的职业，例如，家庭正面教育导师爱瑜伽、爱美食等。

5. 设置小红书账号

小红书账号设置在设置的个人资料里。修改头像和修改名字的下面，可以看到有一个小红书号，小红书号可以设置成自己的一个专属号码，比如设置成自己的一个微信号码。设置成微信号可以引导一些"聪明人"找到你，从而把小红书上的粉丝引流到微信号。但小红书号的设置是不可以只有数字的，我们可以设置成自己的手机号码加英文。

总的来说,小红书对于账号的建立是有一定要求的,不管是昵称、小红书号、简介等个人资料,还是笔记、评论、专辑,都是不可以带有任何广告以及销售信息的。有些敏感词如微信、招商、代理、代购、二维码、咨询等一切含有广告性质的关键词都是不行的,如果违反随时都有可能被举报封号。

爆红笔记

如何定位更精准?

a. 按照老师讲解的步骤来(不要慌,慢慢来……)。

b. 知道自己想要的、擅长的是什么领域。

定位第二步：发布图片并添加定位标签

小红书发布笔记的功能有两大亮点：

一是功能的入口，图标是大加号，如图3-2所示。

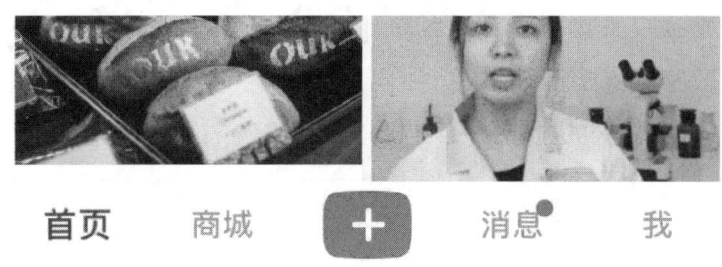

图3-2 小红书发布笔记的入口

"+"号既符合用户使用习惯，又能吸引用户的注意力，让人一目了然明白这就是发布笔记的功能。而将其放置于底部标签栏的中间，更方便用户想要发布笔记时随时就能找到。

二是，发布笔记的流程非常简单。只有选择、编辑、正文发布三步，如此简单的流程让用户不用太多复杂的思考，满足用户能够在第一时间发布的心理；同时制作个性化内容的功能也十分强大，如美颜、滤镜、调节等美化功能。

发布笔记之前要事先准备好图片。小红书图片是可以添加9张的，第一张封面图需要用心地选择和处理，因为对于引流起到很大的作用。后面章节我会详细讲解小红书封面制作的方法和技巧。

今天我们先讲如何上传图片并为图片添加定位标签。

◎ 添加图片和标签定位是赢得大量曝光的开始

小红书笔记的图片和视频是不同规格的。

图片分为1∶1和3∶4，视频分为1∶1和9∶16。用小红书站内拍摄或者录制短视频，调节比例大小的按键就在关闭和反转镜头的中间。如果是从相册直接导入照片，可以在上传图片后，在图片左下角点击缩放的按键。

从浏览、吸引眼球的角度来分析，建议选择大比例的图片或者是视频。这样你的笔记在浏览的页面占的面积会比较大。

添加好了图片，接下来就是为图片做一个标签。

小红书的定位标签有两个作用：一是显示产品的一些信息，比如什么品牌、什么价格、什么功能、什么特点。二是产生大量的曝光，以发布一个面膜的笔记为例，在面膜笔记图片上加入标签，例如，面膜红黑榜、评价面膜、敏感肌肤试用面膜，加了主题标签的笔记就会出现在主题里，可以为你的笔记带来更多的自然流量。

目前，小红书有以下6种类型的标签。

1. 热门的话题标签

根据你写的笔记主题，添加相对应的话题标签。话题标签可以添加到图片上，也可以添加在笔记的尾端。建议在你写笔记之前，先寻找话题标签，找到话题标签进入后直接选择参与话题，或者是参加晒单等形式直接进入发布笔记的页面。以面膜笔记为例，发布笔记前先寻找面膜红黑榜、评价面膜、敏感肌肤试用面膜等标签主题。

2. 自定义标签

如果你想在图片上加一些步骤，那么就可以利用自定义标签。比如美食制作的流程，可以在每一张图片上按照制作的步骤添加标签。

3. 语言标签

这种标签只能添加在图片上,如果你的声音比较甜美、磁性,可以用添加说明的形式加入语音标签,每张图片都可以加一个15秒的录音。

4. 地址标签

游记攻略、购物、参加活动等都可以选择地址标签。地址标签也是提升曝光的一种方法。来过的人,或者是在这个地址标签附近的人都可以看到你的内容。

5. 品牌标签

你分享购买产品的笔记时可以搜索找到相应的品牌标签来添加,这样有助于小红书收录和增加自然流量。

6. 产品标签

如果是分享使用的好物,可以搜索小红书上是否有此产品的标签,添加到图片中或者是笔记中提升自己的笔记曝光。添加了小红书上产品的标签,你的笔记下边就会有产品的购买链接,可以让看到并喜欢这个产品的人直接点击进入购买。

爆红笔记

图片定位标签怎么选择?

a. 功能掌握。

b. 6类标签要记牢。

定位第三步：学会并做对三件事

接下来，也是定位的最关键一步，是明确自己在小红书平台要做哪几件事。一个优秀的达人号都是日积月累精心培养出来的，薯宝宝们不可能"无心插柳柳成荫"就能一夜爆红。即便是，那也是少数。所以，薯宝宝们想要打造一个优质的账号，并不是每天打开小红书APP随意浏览别人的爆文，看看别人都写了些什么，发了什么图片，照猫画虎地搬运到自己的账号就可以的。

今天的小红书在一系列变革新规推出后（我将在后面章节详细讲述变革的内容），对KOL的要求也越来越高。单纯地复制、粘贴、搬运很难使你在众多达人中脱颖而出。而越是大牌的商家就越青睐那些有自己调性的博主。如果你写的文章马马虎虎不算最好，发的图片也平平无奇不算出彩，视频笔记更是让人提不起点开的兴趣，推荐的好物也是烂大街的产品，那么，你凭什么出众？又凭什么成为下一个小红书达人？

◎ 入驻小红书之后，你首先要做对三件事

建立账号入驻小红书之后，你首先是作为用户的角色而来。作为用户，你首先要做对三件事。注意，为什么是"做对"而不是"做好"？因为"对"是"好"的基础。假设运营的错误连篇，笔记做得看似再精美，也捕获不了粉丝和流量。功夫浪费不少，努力却白费了。

1. 发布笔记——每一篇笔记都是你的个人品牌

在小红书上拥有 15 万粉丝、获赞与收藏 26.4 万的生活方式博主 Matchatoto，在小红书上以"多元"的形式发展，护肤、家居、美食、摄影、文具、香氛皆是她镜头下的主角，她拥有资深的摄影、绘图经历，对光影中的美感有着天然的掌控力。几年前，她从一家待遇不错的公司辞职，成为小红书全职博主，她表示："要把小红书运营好，需要 100% 的专注和精力投入，还需要一点点的天赋和独有的调性。"

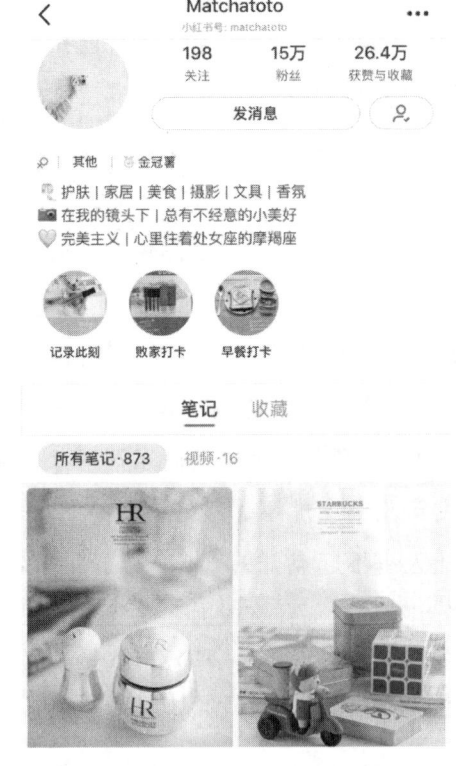

图 3-3 Matchatoto 的小红书界面

Matchatoto 之所以在小红书上分享生活中她感兴趣的大小事，是因为她觉得自己的路子比较"野"，不太会考虑固定的人设，任何她感兴趣的内容都可能会做。所以，这些年她坚持在小红书上分享自己的生活方式和她的故事，遵从内心的想法，依照自己的调性写笔记、拍视频。

Matchatoto 充满阳光、正向、清新的个人气质吸引了许多小红书用户的关注，圈粉无数的同时也接到了来自各大品牌商的合作订单。星巴克、Burberry、JO MALONE、赫莲娜等知名品牌皆是她的合作者。随着合作品牌的增加，她也开始思考自己的定位。通过平时在线和其他达人们互相交流、学习，她开始意识到，原来一个账号还可以当作一个品牌来运营。因为工作关系，Matchatoto 也成了我的合作伙伴之一，记得她说过一句很打动我的话："作为小红书博主，其实你个人的一言一行，甚至一颦一笑，你发布的每一条内容，每一篇笔记，你说的每句话，都代表了你这个品牌。"

Matchatoto 的这个观点与我不谋而合，的确，每一篇笔记都是你的个人品牌。我相信大多数正在阅读本书的薯宝宝们没有经过专业的训练，也没人告诉你未来的定位、方向。那么，我将指引你如何发布笔记，怎样分享优质的内容，带领薯宝宝们一步步摸索出自己的道路，打造自己的品牌。

2. 传播价值

小红书作为国内极具营销价值的社交电商平台，其推广的本质，其实是粉丝经济下的价值型营销。如今的小红书已然成为传统渠道外品牌营销的另一阵地。如何借助小红书 KOL 在愈加激烈的营销战中突出重围，成为各大品牌思考的重点。

移动互联网时代，用户的兴趣越来越细分化。很多人通过达人发布的产品测评、好物分享等内容，在感兴趣的社区中相互交流，建立起了微妙的社交关系，进而触发了广泛的网红经济。这种经济是依靠用户对网红的认同感和归属感逐渐建立起来的。由于小红书平台完全是由用户产出内容，社群本身超低的边际成本和超强的传播效应使得网红、达人们很容易向外延伸拓展，让"种草"变得更加容易。

而在信息传播碎片化的时代背景下,深挖数据价值、建立社会化的传播矩阵、建立起用户与品牌之间的高效沟通,日渐成为企业品牌营销的核心诉求。

因此,作为运营者,我们要做的就是多元化地创新,构建小红书推广营销的价值生态链。当然,靠达人的个人之力是很难实现的。但我们至少可以保证自己的每一篇笔记都是有价值的,我们所传播的理念、生活方式都是基于价值的传播。

3. 获得精准流量

都说得流量者得天下,有流量才有转化,流量的大小等于成交量的大小。移动互联网时代,流量就是营销,引流做得好,往往就已经成功了80%。

然而,刚入驻小红书的薯宝宝们的普遍难题都是:吸粉难、渠道少、流量小。就算你写出再多的笔记,没有流量,也是白费力。

薯宝宝们刚开始运营小红书时,一定要端正心态,不要总想着一夜爆红,睡一觉醒来就有很多流量,这样的"白日梦"无异于中一张500万的彩票。运营之初,我们一定要学会沉淀,沉下心生产更多受平台和用户喜爱的优质笔记,争取获得平台更多的曝光机会,于点滴互动中积累用户、留住用户,从而实现精准引流。更详尽的引流策略我将在后面的章节为各位薯宝宝们揭晓。

总之,薯宝宝们不要心急,想要成功就要忍得了苦难、经得起失败和等待。

耐得住寂寞,才守得了繁华。

> **爆红笔记**
>
> 定位要做对哪三件事?
>
> a. 发布笔记。
>
> b. 传播价值。
>
> c. 获得流量。

第四章
发布笔记：制作原创图文视频，爆文随手可得

打造优质的内容单元，获得曝光是迟早的事

任何一款优质的互联网产品都有自己优质的内容单元。内容单元是指一款产品中对用户产生价值的最小有用内容。内容单元可以是图文、视频，甚至是某种特定结构的内容。小红书平台的内容单元就是"笔记"和"视频"。

什么样的内容单元才配得上"优质"二字

小红书早期是跨境购物电商平台，这一阶段的内容单元是"海外的商品购物信息"，包括商品的购买地点、评价、图片、价格等。说到这里，我不得不再次提到大众点评，值得点赞的是大众点评从创立至今都在坚持以商家的环境、地点、星级信息、人均消费、联系方式等信息为内容单元。

而现在的小红书作为一个生活方式分享平台，其内容单元都是由用户创建的。构成小红书优质内容单元的笔记和视频，通常符合以下五大特点：

1. 可独立

可独立的优质笔记/视频就是指能够独立对用户产生一定价值，哪怕将笔记/视频单独剥离开小红书进行对外分享，都能保证用户在看完之后有所收获。

2. 可归纳

小红书之城没有边界，但是内容单元是有边界的。一篇优质笔记被生产出来，是能够被收录到对应的品类中的，并且是有一定规律可循的。倘若笔记本身不符合小红书的定位内容，就很难将笔记/视频划分到某个品类中。无法归类的笔记，如何为他人推送？

3. 可整合

优质笔记/视频能够以任何形式进行组织和整合。当用户发现一篇优质的笔记，就会收藏到自己的专辑中。而小红书官方账号也会收录优质的笔记/视频，或者由小红书编辑把优质笔记/视频收录到相应的话题下，推荐给更多用户，从而让有价值的内容形成用户感兴趣的内容专题，同时也让用户感受到小红书平台内容的广度和深度。

4. 可参与

当一篇笔记有了一定的阅读量和粉丝后，就可以考虑发布一些能够让用户参与其中、产生互动的笔记/视频。参与方式可以是让用户与你一起生产话题内容，也可以让用户点评或者补充，总之要想办法与用户互动起来。

5. 可解构

优质的笔记/视频往往都是有规律可循的，它可以被拆解成更细分的模块。薯宝宝们随着对笔记/视频的研究足够深入，慢慢就会总结出一套便于用户阅读的内容结构。当你按照这样的结构生产笔记/视频时，你的内容单元质量就会趋于稳定。

在运营早期，薯宝宝们要把主要精力放在对笔记内容的编辑上，并且遵守如下基本编辑准则：

◆ 优先围绕需求量最大的内容单元进行编辑，毕竟内容量足够大才有更多的东西可以写。

◆ 把内容单元的具体内容结构拆解，并且考虑吸引用户来参与编辑内容单元。

◆ 内容单元的编辑要聚焦,运营小红书最忌讳的就是一个方向的内容没做精就去做下一个方向。

总之,当你找到了独具特色的内容单元,这个时候的运营工作也会随着笔记/视频质量的提升变得更加的有条理和有方向性。

爆红笔记

优质内容有什么特点?
a. 五大特点要记牢。
b. 静静等待曝光时机……

发布笔记第一步：制作独一无二的吸睛封面

我们在浏览小红书时，无论是发现页面还是附近页面，看到最多的也只是4篇笔记。而图片是第一眼映入眼帘的。

精致、漂亮、独特的图片肯定会让你第一时间想要点击进去看，这就决定了小红书笔记被点击、浏览的概率。

设计漂亮显眼的封面图，会让你的笔记引流达到事半功倍的效果。制作封面的要点有：

- 充分利用美图工具

在浏览器中检索"美图工具""美图处理"等关键词，选择一款美图工具并下载安装（或者下载笔者推荐的美图工具）。需要提醒大家的是，尽量选择带有"图片批量处理"功能的软件，虽然封面最终只需要一张图片，但我们往往需要在众多设计好的图片中选择一张效果最佳的作为封面。所以做图不仅要高品质，更要高效率。

- 首图体现文章主要内容

首图，也就是封面，最好直接体现文章的主要内容，减少用户的思考和反应成本。例如，我们可以尝试对比法，利用封面的视觉冲击来体现产品的功能功效，突出反差效果。

- 图片风格一致、滤镜颜色一致

其实用什么滤镜、调哪种颜色，主要是根据自己的喜好，每个人对风格、颜色的认知不同，而且同样的照片放在不同的美图软件中，照片的亮度、色调也不一样，所以修图的时候跟随心情或者内容的需要来选择滤镜调色就好，重点是滤镜和图片要表达的主题看起来很协调，没有违和感。

- 观察其他用户的封面图片美化

想做出"高端大气上档次，低调奢华有内涵"的不俗气封面并非易事，除了盯着自己的封面，还要多观察其他用户的封面是怎么做出来的、有哪些值得学习和借鉴的。对于封面设计来说，无论用何种表现形式，没有哪一款"更适合"，只有哪一款"适合你"。

- 多看、多用、多拍、多写

简单来说就是"熟能生巧"，多借鉴别人的经验，学习图片设置，继而加工提高，在模仿中丰富自我，在模仿中形成自己的风格。

另外，制作封面有几个常用的软件和工具：

1. 美图秀秀

目前大家用得最多的图片工具就是美图秀秀，里面的拼图、水印、会话气泡、自定义字、各种贴纸等都是常用的。也有很多薯宝宝们会用美图秀秀里的涂鸦笔来做轮廓线，学会美图秀秀的操作距离做出精美的封面就不远了。

2. PicsArt 美易

除美图秀秀外，另外给大家推荐一款拼图效果更好的软件——PicsArt，它的中文名叫美易。

在拼图时需要注意选择光线、风格一致的照片或者是图片。如果是在同一场景、光线下拍摄的照片，如果颜色一致，需要自己通过滤镜等方式调节后再进行拼接。薯宝宝们可以先把图片拼接好，再导入美图秀秀，利用会话气泡和水印等功能做出精美的封面。

3. 水印

还有一个常用的工具叫水印，美图秀秀里就有水印的功能。在美图秀秀的文字工具栏里，可以看到水印和会话气泡两个常用工具。水印和会话气泡这两个的区别，就是一个是透明的，一个是实心的，薯宝宝们可以根据自己的想法去设计就可以了。另外，封面也可以用大字报的形式设计，先把图片拼接好后留出空白，在空白的地方添加文字。

4. Snapseed

这款软件的"自动校正"可自动调整图片；通过"调整图像"功能可将图片效果调整至尽善尽美；而"选择性调整"则是对相片的特定对象或区域加以美化。软件还提供了许多优质相框，可以为美化相片起到画龙点睛的作用。

5. VSCO

VSCO 是目前一款胶片模拟效果较好的拍照软件，里面有基础款免费的滤镜，也有优质的付费滤镜。每张图片经过软件打磨后都有独特的魅力。我们还可以在这个软件上注册自己的账号，这样就可以在里面看到其他人的一些作品，也可以把自己的作品发布到社区里让更多人看到。

6. Facetune2

玩过 Facetune 的小伙伴一定知道它已经升级为 Facetune2，并且功能更加强大。里面更有超多风格的特效供你选择，用户可以看心情随便切换使用。该软件还支持一键匹配拍摄环境，为图片加场景特效，让你的图片更有创意，看起来与众不同。

7. Emoji 相机

Emoji 相机属于一款相机摄影软件，通过它可以轻松地获取各种趣味的照片，并且支持在你的各种照片上加上 Emoji 的表情（共有 1500 张的 Emoji 贴纸可选），照片会变得滑稽有趣。

爆红笔记

封面如何更吸睛?

a. 干货记下来。

b. 工具用起来(马上去下载)。

发布笔记第二步：编写高质量笔记内容

小红书的笔记可以分为三种类型：分享的、技术的、攻略的。在小红书上发布内容一定记得以这三种类型笔记去写。另外，写一篇好的笔记还需要注意以下几点。

1. 编写内容的比例

在小红书上发布笔记，薯宝宝们可以按照6∶4或者7∶3的方式发布笔记。例如10篇笔记里6篇或7篇是你定位的内容，其他的部分可以发一些与生活相关的。

以一个营养师为例，每发布10篇笔记，必须有6~7篇与营养相关的笔记，其余可以是晒自己的生活方式，生活方式就是和生活息息相关的吃穿、用、购物、旅游、亲子等方面，比如今天买了什么背包、和宝宝一起做手工，也可以是新买的口红或者是护肤品、旅游攻略、在外面吃的美食，等等，最主要就是晒自己的生活。

2. 内容不能过于单一

如果未来你要成为一个达人，在小红书上的内容太单一，将会影响到你接通告的机会。当然如果你是一个微商也不建议千篇一律都是产品，相信很多人都学过如何发朋友圈，我们可以把小红书作为朋友圈一样运营，小红书上只要你的内容好就会很吸引人，为了吸引精准的粉丝，你要做的就是不断输入自己定位这个领域的知识、技巧及心得。

3. 输出高质量内容，"搬运时代"已经终结

如果你是新手，写不出来，可以去新浪微博、百度、知乎等互联网平台上找与你品位相同的高质量内容去学习、总结，最后写出属于自己的内容，切忌原文搬运。

搬运，并不能让你成长，并且原文搬运的时代已经过去了。如果你要成为一个 KOL，必须要让自己养成不断学习成长的习惯，学会发原创内容，实在不行的话前期可以找代写，但一定要输出高质量的内容。

4. 多发一些大众化的内容

在小红书上发布笔记，建议多发一些大众化的内容，大众化的内容比较容易圈粉，比如说美食，吃是每个人都需要的。在小红书上除了美食，美妆护肤、减肥健身都是容易被关注的，找到了容易被关注的内容就可以下功夫去圈粉了。

5. 写好第一行前 30 个字

在小红书上没有标题栏，但是笔记第一行非常重要，笔记第一行前 30 个字决定了你的笔记是否会被抓取、收录，从而获得更多的自然流量。

所以，薯宝宝们要把重要的关键词放在前 20 个字里面，后面 10 个字可以写一些次要的关键词。小红书一篇笔记最多可以写 1000 字。讲到这里，肯定有人会问，什么是关键词？怎样写才会更精准、获得更大的曝光？

首先我们想一下，如果你是一个客户或者是用户，想要解决什么问题？或者想要找什么产品？是不是都会在小红书的搜索条进行搜索？我们要站在用户的角度去考虑和思考，当自己想要了解一个产品、功能、品牌时会搜哪些关键词。例如，分享一支口红，那么，这支口红的品牌、颜色、功能等都会作为被收录的关键词。学会写一篇高质量的笔记，要学会利用小红书的搜索功能，找到主题标签，进入后发布笔记。

6. 添加品牌、产品名字

在编写笔记中可以添加品牌、产品名字，一定要注意，要添加小红书已有

品牌的产品，不然是没办法跳转的，不能跳转的标签基本上没有什么作用。

另外，如果你发布的笔记是游记攻略、购物、参加活动等，那这些都可以选择地址标签，通过地址标签写的笔记也是比较容易圈粉的。你可以选择人群比较多的商圈、旅游景点、网红店等重要的地点去写一些游记，从这些地址标签搜索进来的用户都可以看到你写的内容。

7. 知己知彼，了解收录规则

最后我简单地分享一下小红书的收录规则，在小红书上发布笔记之后，不会马上就被搜索到。一般质量高的笔记，被收录的时间就会相对较快。小红书上高质量的笔记必须是以分享、攻略、技能等任意一个点写的原创笔记，必须走心、接地气，找好套路，一般写200~300个字就行，千万不要卖关子写一大堆的专业术语和专业词句。写完笔记后1小时左右搜索下关键词，查看下自己的笔记是否被收录，因为只有被收录的笔记才有更多的曝光机会。

编写高质量笔记的要点？

a. 7个细节必须掌握。

b. 远离广告。

发布笔记第三步：掌握这些技巧，爆文随手可得

如今什么 APP 连看广告都能看得津津有味、不亦乐乎？

恐怕除了小红书再也没有其他了！

和传统电商平台最大的不同是，小红书的产品从曝光到爆发，从不跟随"爆款"，更多的是挖掘未来的"爆款"。这种独有的内容传播方式决定了更多新的品牌和产品有更多的机会在小红书突出重围。很多人问我，如何才能在小红书打造出爆文？

其实写出小红书爆文并没有想象中的困难。另外，曝光的程度也取决于你的账号所属的垂直化程度，垂直化越深，用户黏性越高，那么你的权重就越大。

不管是企业品牌自运营小红书账号或者是草根博主的账号养成，本节我要介绍的打造爆文小技巧你都不能错过。

◎ 普通薯宝宝用户如何写出收藏量1000+的爆文

小红书平台都是真实的流量，如果你的一篇笔记能突破1000+的收藏量，对于新手薯宝宝们来说就已经是很不错的成绩了。万变不离其宗，那些所谓的爆文通常都有以下几个特点：

1. 原创内容：有趣、真实、生动

曾有不少薯宝宝向我反映，说自己在发布笔记时提示说发布非原创内容将不会被推荐，这是什么意思呢？

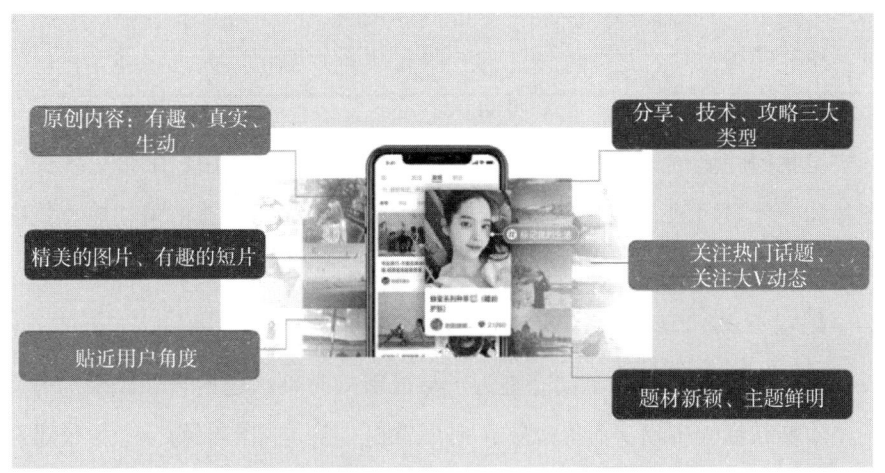

图4-1 爆款小红书笔记的特点

这就是说,你发的小红书内容十之八九和网上的同类文章文字重叠了。言外之意,你"搬运"来的并非你自己的原创作品,是不可能获得被推荐的机会的。

尽管小红书在加速寻求商业化,但它对内容信息的筛选、严格把控依然是重中之重,如果因为过度商业化而失去了平台的调性,伤害了用户体验那就得不偿失了。

所以,薯宝宝们在发布笔记时务必要检查内容是否原创,并确保内容有趣、真实、生动。试想枯燥无味的内容我们自己都不愿意多了解,又谈何吸引其他用户的注意力呢!薯宝宝们一定要记住,第一,必须要原创,第二,内容必须真实具体、生动有趣,拒绝流水文和没有营养的网文。

2. 分享、技术、攻略三大类型

这点在前文我就已经讲过,小红书大部分的笔记都是分享型、技术型、攻略型三大类,确保你的笔记有类可分,才更容易被归类推荐。

3. 精美的图片、有趣的短片

图片拍摄要精美,短片要富有画面感和生活趣味。在前面我们讲到了关于小红书的封面，其实也就是首图，给予怎样的重视都不为过。其实不管是图片还是短片，都要确保让人一眼就能看到笔记的亮点。那么，最好是真实人/物/场景出镜，真实吸睛。

当我们的笔记一旦被推送到发现首页的时候，映入用户眼帘更多的是图片和一行短短的文字，所以一定要注意首图的图片足够精美、短片能够传达关键信息点，这样便可以极大地提升打开概率。

4. 关注热门话题，关注大 V 动态

关注热门话题和大 V 动态是为了与最新的时事话题接轨。如果别人都在谈论最新鲜的事物，而你却还在旧事重提，赞美陈年旧物，恐怕很难脱颖而出。

5. 贴近用户角度

作为一名专业的小红书达人，要学会换位思考，站在用户的角度考虑用户的需求，写用户爱看的笔记，而不仅仅是为了满足自己的小心思、小确幸。

6. 题材新颖、主题鲜明

万事开头难。薯宝宝们在运营初期，对题材的把握有所偏差是可以理解的。正因如此，我们才有更大的提升空间。关于选择主题这点我将在后面相关章节详细讲述。我要说的是，所谓的经验更多要靠薯宝宝慢慢积累，非朝夕可得。总之，一篇爆红的笔记不只是题材新颖，也一定少不了详细、实用的心得，干货满满，提高推荐和搜索曝光率。

除此之外，我再为薯宝宝们介绍几个写爆文的技巧。

1. 走心的标题文案

标题文案同样适用于前面介绍的首图文案。例如，设置悬念，引发用户好奇心；运用类比，激活用户兴趣；强调结果，突出吸引的点；强调便捷性、放大明星/KOL效应，吸引眼球。

2. 引发用户讨论的"争议性评论"

需要注意的是，争议性的评论不是让你在评论区和其他用户吵架、辩论，而是为了增加互动的行为。毕竟，评论的权重要高于点赞和收藏，评论多的笔记要比收藏、点赞多的笔记更容易被系统推荐。

不要高冷，互动要频繁，主动与粉丝/评论者互动，与粉丝做朋友才能让自己走得更远。

我建议薯宝宝们这样增加评论的互动性：

◆ 正文引导。也就是在正文里引导用户评论，让用户主动说出关于某个问题的观点或者具体的问题困扰，并且认真回复用户的每一条评论。例如，你种草了一件好看的衣服，发现了一个好看的包包，但是其他用户不知道怎样购买，他们可能会评论或者私信给你，无形中就产生了互动。所以一开始不要把话说全，什么内容都写完了，就不再会有人互动了。

◆ 评论引导。一千个读者就有一千个哈姆雷特，我们可以故意设置争议性评论，但一定要把握好尺度，通过点赞将其顶到上方，利用这种具有冲突性的主题与用户互动，这样你的笔记就可以不断吸引后来的用户加入话题讨论中，增加评论的数量，自然会有大量的用户"路转粉"。

3. 自我介绍提升专业度

尽可能完整清晰地介绍你自己的专业身份，并且不能太像营销，也不能太平庸，要个性化，哪怕是短短几十个字也要力争打造个人IP，让用户对你产生一定的期望。如果是我，选择是否关注一位用户，我首先一定要知道如果我关注了用户，我可以从用户那里获取什么有价值的信息。

4. 做垂直细分的内容号

除非你已经是一名成熟的达人、网红，否则就不要什么都发、什么都不精。尽管粉丝喜欢窥探你的生活百态，但更多的用户更想看到你提供的干货。所以，在小红书上做垂直细分是最优选择。

例如，如果你是卖减肥产品的，那么你就要持续不断地输出关于减肥原理、理念、技巧、方法的笔记；如果你是卖护肤品的，就要不断生产关于科学护肤的笔记或者是皮肤测试、产品测评；如果你是卖燕窝的，就要多传达如何健康养生、保养的秘籍；等等。

总之这点和运营个人朋友圈很相似，不要什么都想做，努力成为一个领域的意见领袖和专家，是获取用户关注和信任的第一步。

5. 做内容矩阵

所谓内容矩阵，就是如果你没有把握把一个账号运营好，那就不要只做一个号。注意这点要和前面讲述的第 4 点区分开，前面是说成为一个领域的专家就够了，但如果你不能保证这点，那么你就可以考虑做内容矩阵。毕竟一个号成为头部账号的概率是很低的，要做内容矩阵，就要多创建一些账号并且精细化运营。

不管你有多少粉丝，每发出去一篇笔记就相当于一次曝光度的重启，如果你有多个账号同步生产内容，那么你的曝光度和吸粉率就是叠加的。所以，如果你打算投入大量时间孵化一个优质的内容账号，就可以尝试孵化矩阵号。

6. 找到发布笔记的黄金时段

小红书作为一个内容型平台，它在向用户推荐笔记时也会按照用户的阅读习惯来推送，且小红书的内容偏向休闲娱乐，所以小红书通常会避开上班的时间点来推送。

小红书官方推送时间一般为上午 9：30、中午 12：00～13：30、下午 18：30 和晚上 21：30 左右。了解了小红书的推送规律，我们就可以调整自己发布笔记的时间，从而选在用户最乐于阅读的时间发布，增加自己的权重。

发布时间	星期一	星期二	星期三	星期四	星期五	星期六	星期日
08:00-09:00	1	1	1	1	1		
11:30-12:00	2	2	2	2	2	2	2
12:00-13:00	3	3	3	3	3		
17:00-18:30	2	2	2	2	2		
20:30-21:30	3	3	3	3	2		
21:30-22:30	1		1	1	1	1	
22:30-00:30		1				3	2

1. 放松式阅读　　2. 刺激式阅读　　3. 沉浸式阅读

图 4-2　小红书用户阅读/发布笔记的黄金时间段

薯宝宝们如果还是不知道应该选择哪个时间段更好些，那么我给大家的建议是：中午 12:30 到 14:00，周日到周四下午 17:30 到晚上 20:30，周五到周六的 21:00 到 23:30，这几个时间段发布笔记效果比较显著。

7. 注重一些文案技巧

小红书笔记力求真实，在此基础上尽可能地养眼、吸引人。很多薯宝宝最初运营小红书时都说，我上学时就不擅长写作文，我没有语言天赋，我可能做不来。其实薯宝宝们在写笔记时并不需要渊博的知识、多么好的文采。一篇笔记字数控制在 800 字以内，段落清晰，简洁精练，通常一篇优质笔记 200~300 字就可以。不要太刻意地去做文案上的优化，力求真实自然，就算偶尔来几个错字也没关系。还有各种表情符号、标签贴纸都用起来，这样更加契合小红书社区的氛围。

在文案上，重点是要"真诚分享，易于阅读"，围绕小红书主流话题去做延伸。所谓真诚，就是要拿出你的态度来，每篇笔记都要认真撰写，不是随意写一篇流水账，更不能抄袭，如果"洗稿"一旦被小红书后台监控到，不但不会给你流量推荐，甚至还可能封号。

易于阅读则是指撰写的笔记不需要长篇大论，要尽量多加一些表情和符号，多用总结性的金句，这样会给人一种"轻轻松松获得秘籍的爽感"，同时降低读者的心理负担和阅读障碍。

最后，也是最重要的一点，薯宝宝们不要只是点赞和收藏（当然如果好看还是要点赞的），立刻行动起来比什么都重要。在小红书上打硬广只能靠强推，要想内容获得更多自然的流量，就要确保你发布的内容能够给用户带来实际价值，记住，小红书始终是一个以种草为主的平台，而不是一个内容资讯平台。干货类、教程类、良心推荐类、测评类都比较受欢迎。我也会在后面的章节里不断更新小红书内容运营的技巧和实用方法，如何加入我们的红人阵营，请往下翻阅！

爆文是如何打造出来的？

a. 图片有趣味。

b. 内容有价值。

c. 文案有技巧。

发布笔记第四步：视频笔记的推荐率更高，玩转你的 Vlog

Vlog（Video blog），即视频博客，或视频日志，于 2012 年发源于 Youtube。最近，小红书平台上有越来越多的用户选用带有鲜明个人色彩的 Vlog 记录并分享生活日常，而小红书平台在大力推广并鼓励薯宝宝们发布 Vlog 之余，自然会把推荐的侧重点倾向视频笔记。

同前，Vlog 已经融入我们的日常生活中，在小红书上也成了一发就火的新题材。

◎ 人人都能入门的 Vlog 日志

事实上，小红书已经通过几次改版，对发布视频笔记做了多次迭代。这表明了小红书平台由图片社区向视频社区迁移的趋势，其中包括将默认的发布图片改成了默认发布视频笔记。为了鼓励视频创作，甚至取消了文字信息较多的长笔记功能。

短视频不仅可以更好地提升用户的黏性，也有助于小红书布局未来商业前景。当你持续不断地制造同一领域的内容时，具备一定黏性后，自然会吸引人关注。

那么，薯宝宝们如何才能玩转 Vlog 呢？

1. 准备器材

拍摄一条优质的 Vlog，必备的两个器材是手机和手持稳定器了，手机不用多说，那么手持稳定器是什么呢？

顾名思义，手持稳定器就是让你的画面更稳！因为 Vlog 视频笔记拍摄的是运动的物体，尤其是初学者很难保证手握手机时不颤抖，所以我们就需要一个手持的稳定器材，这个稳定器类似于我们常用的自拍杆，至于选择什么样的品牌在此不做推荐，相信聪明的薯宝宝们一定能找到合适的手持稳定器。

另外，手机在搭载手持稳定器拍摄的同时，也需要用到三脚架和延长杆。

毕竟我们拍 Vlog 免不了要拍一些吃吃喝喝的素材，一般这种素材的拍摄角度，都需要我们把镜头固定在一个平面上，用低角度的机位进行拍摄，这时三脚架就可以派上用场了。

而延长杆的主要作用是配合稳定器，例如当我们要拍一些像摇臂一样的镜头，你会发现稳定器长度有限，另外，我们在自拍时也需要延长杆的配合。

2. 掌握拍摄技巧

拍摄 Vlog 比较考验个人能力，就像同样的电影题材，在不同导演的镜头下展示出的风格和画面感以及最终呈现出来的水准是不一样的。

在拍摄技巧上，要尽可能让你的 Vlog 富有故事性，拍摄手法有：

◆ 主体跟拍

在拍摄时握住手持稳定器，伴随被拍摄主体一起移动。除了主动跟拍，还可以正面被动跟拍。

◆ 摇臂效果

这种镜头主要靠摇臂来实现，让镜头由高向低缓慢移动（也可以反过来从低处到高处，可根据实际情况而定）。

◆ 推镜

所谓推镜，就是镜头在纵深方向上的移动，通过恰到好处地拿捏让整个画面更具有戏剧张力。

3. 剪辑

片子拍好了，最后就是剪辑。为各位薯宝宝们推荐一款剪辑 APP 叫 VUE VLOG，原来叫 VUE，在 2019 年已经正式更名为 VUE VLOG，这款 APP 非常容易上手，适合新手薯宝宝们操作。

图 4-3　VUE VLOG 截图

这款 APP 有两个特点：一是它的滤镜，很多新薯宝宝们可能不太会调色，但是加上它的滤镜之后，画面感就瞬间高大上了起来。二是 VUE VLOG 自带社区，里面有用户分享的大量 Vlog。薯宝宝们在拍摄前不妨多看其他用户的作品，或许可以帮你在不经意间找到创作的灵感。

最后我想说，和微博类平台的瞬间爆发性质不同，小红书的笔记流量是持续不断的，笔记的生命周期也很长。一篇优质的笔记往往在几个月后依然会带来可观的收藏与点赞，所以薯宝宝们既不要放弃对已有笔记的维护，也不要忘了多拍摄有意义的新的笔记内容。总之，一篇好的笔记总能经得住用户的检验和时间的沉淀。

爆红笔记

如何制作一篇优质的 Vlog？

a. 巧妙的构思。

b. 专业的器材。

c. 拍摄和剪辑技巧。

第五章
关键词排名优化：让品牌刷爆小红书一招就够

为什么要在小红书上做关键词排名优化

作为公司小红书平台的运营负责人，我发现近两年小红书排名优化的咨询量日益增长，在我的工作中，基本占到每日咨询量的20%。

在社群营销被大肆传播和认可的今天，小红书作为一款以分享为主的APP，在迎合了当今用户口味的同时，也自然而然地吸引了众多营销人的注意，成为互联网营销推广界名副其实的"网红"。之所以越来越多的人想做好小红书平台的排名优化，是因为处于快速上升时期的小红书现在红得发紫，包括知名综艺《创造101》等节目都在为小红书打广告。

说白了，当你在小红书做笔记曝光的同时，相当于小红书也在帮你做曝光，而小红书在各大节目中曝光的时候，相当于也在帮你做广告。

用一句话来总结就是关注小红书的同时，也有人在关注你。

很多品牌商、薯宝宝们在发布笔记进行推广时，都想让自己的笔记霸占首页的位置。这样就能带来更高的流量和转化率。但问题是，如何才能让自己的笔记霸占头部呢？

只要我们掌握了小红书的排名原理和机制，上热门并没有想象中的那么难。

我在测试了大量的笔记和关键词以后，总算是发现了小红书关键词排名置顶的原理和机制，并据此总结出了一些实用的上热门的技巧。

在小红书平台上,内容创作者与用户的互动关系如图5-1所示。

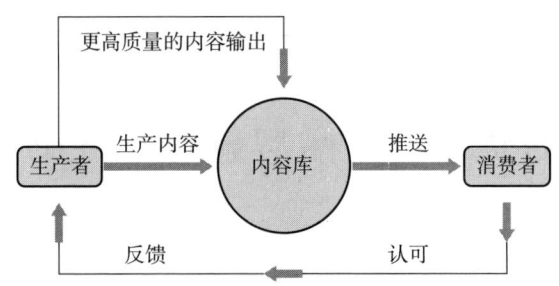

图5-1　内容创作者与用户的互动关系

我们可以看到,尽管小红书的优化排名离不开关键词,但更需要社群用户的反馈。小红书主打社区电商,以互动来促进活跃度,这种模式从一定程度上决定了你创作的内容获得的收藏、点赞、评论的数量将影响你的排名。

小红书上排在前几名的基本上都有一个共同点——相当大的互动量。互动量越大,证明笔记越被用户认可、越受用户喜爱。而小红书就会给这些内容创作者提升权重,提高排名。

从另外一个角度来看,社区用户的互动和大量反馈也是在从反向为我们的创作贡献灵感和内容,区别于其他平台内容创作者的"自说自话"。而这也是一种生产者与消费者相互激励、共同创作的一个过程。

以上就是小红书排名的原理。作为生产者的你,首先必须创造真实而有价值的内容。对于大部分薯宝宝来说,尽可能地在你相关产品的领域里深耕学习、不断提升专业度,精进各方面的能力,才是做好小红书排名优化最关键的因素。

从下节开始,我将为薯宝宝们详细介绍做好小红书关键词排名优化的技巧。

爆红笔记

为什么要做关键词排名优化?

a. 想让自己的笔记霸占首页的位置。

b. 想让笔记更容易被搜索到。

排名优化第一步：确保笔记互动量与图片质量

曾有不少薯宝宝问我："曹老师，我刚开始做小红书推广，应该重笔记的数量还是图片的质量？"

我的建议是，如果你不是商家，或者没有品牌方提供足够多的预算，那么我不建议刚开始就拼数量，甚至要砸钱拼数量。建议初期薯宝宝们可以先做一些简短的笔记，为品牌的关键词和曝光度做好铺垫。做好基础帖子的铺垫之后，再根据情况调整后面的推广策略。

◎ 如何结合质+量，实现更好的推广

运营和优化都要持之以恒，尽可能地兼顾笔记的互动量和图片质量，有质又有量，才会在流量和排名上有一个质的飞跃。

1. 笔记互动量

笔记互动量对笔记排名的提升有很大的帮助。

小红书的笔记互动量主要包括点赞、收藏、评论以及阅读量等。

在点赞、收藏和评论的指标中，评论权重是最高的，所以增加笔记互动量的一个秘诀就是要在评论中尽量带文案中的关键词，提高关键词的密度。同时，也要适当增加点赞、收藏、阅读量，否则这几项指标都很一般，即使你的评论再多，排名一样不会很好甚至给人一种刷评论的感觉。

- 排名靠前的互动量基本都很大，互动量越大证明用户越喜欢，小红书平台就会提权重，给它提升排名；

- 评论权重是最高的，尽量带文案中的关键词，提高关键词的密度。

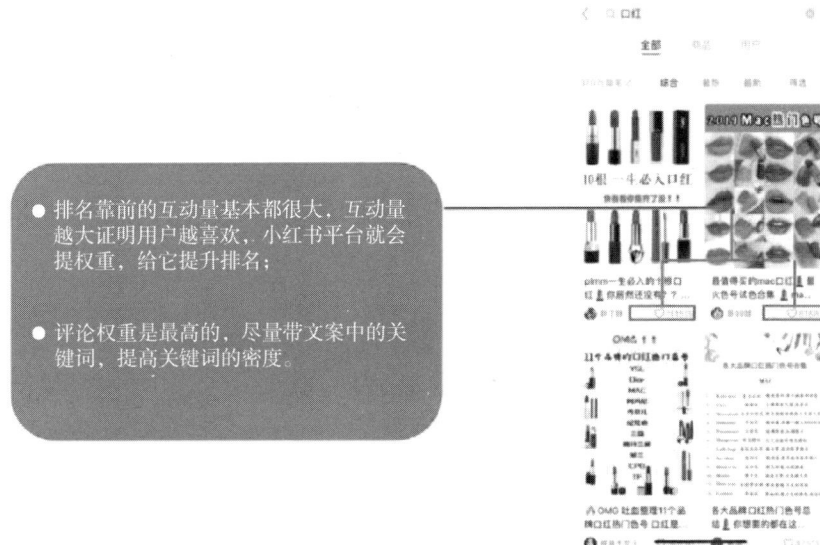

图 5-2　小红书的笔记互动量

2. 图片的质量

除了要注重评论等几项指标来增加权重外，最重要的一点是，静心设计笔记的图片，确保图片的质量。

很多薯宝宝在运营初期，总是急于推广、上头条而忽略笔记本身的内容，以为只要推上去就一劳永逸了，这种想法是错误的。

如何才能保证图片的质量，修出有质感的照片？

首先，你的原图一定要是高清图片。如果想要拍出手机大片的感觉，我个人最喜欢的是手机人像模式。这样拍出来的照片在修图之后会有单反的质感。在前文中，我给大家介绍了两款最好用的修图工具美图秀秀和PicsArt美易。为了确保薯宝宝们修出大片既视感的图片，今天我再为大家补充推荐几款修图软件。

1. 美图秀秀

美图秀秀这款"国民美图软件"强大的功能自不必多言，我个人习惯

图 5-3 常用的修图软件

用来调整脸型和磨皮,另外添加一些文字和贴纸,或使用涂鸦功能。

2. 美妆相机

这个 APP 可以给自己修容、化妆,让五官看起来更立体。但是薯宝宝们一定要注意,不要修得太明显、太过分,否则会显得过于虚假,磨皮太重也会显得没有质感。试想一下,如果你修完之后自己都认不出来又有谁会记住你呢?

3. PicsArt 美易

前面已经介绍过了,这是一个很强大的 APP,可谓是手机版的 PS,功能实在太多,在此就不一一介绍了,该软件的一大特色是可以泼色处理图片。

4. Snapseed

这个软件功能很强大,所有好看的滤镜都能在这里调出来,因为它在光影的处理上十分优秀,最厉害的是它在处理完图片之后能直接导出高清图片。所以，该软件用于拍风景照大片很合适，关键看你自己怎么调。

5. 黄油相机

该APP的贴纸、滤镜很多，平时用它主要是为了图方便。要注意的是，该软件里的有些贴纸和滤镜要买会员才能获得。它的滤镜属于比较"傻瓜式"的操作，不用刻意学习也能轻易上手。

6. 轻颜相机

这款软件里面的滤镜超级好看，而且拍出来的照片也很有质感！化妆却不吃妆，不会让你磨皮之后看不清妆容，可谓是薯宝宝自拍必备。

7. 米汤姐的相馆

这款软件最优秀的地方在于可以拼很长的图片，而且不需要压缩，美图秀秀只能拼9张图片，而这款软件可以拼9张以上的图片，可以说是一款很人性化的长图片拼图的软件。

8. VSCO

这个软件主要也是用来调滤镜的，有点类似于现在比较流行的INS风，属于高级灰，修图里面的调色板功能，上到复古小清新、下到INS高级风，没有它调不出来的颜色。只要在使用时注意一点即可：处理色调要与原照片色调相近，这样调出来的颜色才会是最佳效果。

9. B612咔机

对于这款软件，我一般用来拍一些日常10秒短视频，因为里面的装饰很多也很可爱，还可以在拍摄时添加音乐。特点是出片快，还能自动美颜，一键实现大眼、瘦脸等功能，薯宝宝们按照自己的需求来调节就可以。

最后，为大家总结几个可以确保图片品质的关键点，薯宝宝记得Get起来：

◆ 图片质量确保高清。

◆ 选择适合的软件调整美颜和滤镜。

◆ 拍摄静态照片背景不要过于花哨、复杂。

◆ 想要拍出有质感的皮肤要注意打光。

◆ 平时多摸索小红书平台上的照片。

除了我介绍的几点之外，小红书里面还有很多高手教程，大家不妨搜一搜、学一学，主要是看薯宝宝能不能用心去研究了。

爆红笔记

怎么保证笔记互动量和图片质量？

a. 点赞、收藏、评论、阅读量。

b. 修图工具用起来。

排名优化第二步：重视小红书账号等级，增加权重

小红书的账号分为不同的等级，这跟你入驻平台的时间、发布的笔记数量与图片质量，以及收获的粉丝数量、"赞评藏"等都有一定关系。

通常情况下，高等级的账号质量就高，相对而言，账号的权重也会更高。权重高了，你的账号所发布的笔记就能得到很好的推荐。有了推荐也就等于有了曝光量和更多走红的机会，久而久之，你在小红书平台的排名自然而然地也就得到提升了。所以，各位薯宝宝们，我们一定要重视小红书的账号等级并想办法增加权重。

◎ 小红书的账号等级系统

在我看来，小红书的账号等级系统正是平台激励体系的一个缩影。小红书的等级系统是用小红书的谐音"小红薯"的卡通形象设置，符合小红书平台用户年轻化的风格。

小红书的等级系统共分为十个等级，从尿布薯一直到金冠薯，金冠薯是目前为止最高的等级。

表 5-1　小红书的十个等级称号和晋级要求

等级	称号	晋级要求
1	尿布薯	点赞、收藏、评论各 1 次,并且发布 1 篇有效笔记
2	奶瓶薯	发布 1 篇笔记获得 5 个收藏或 10 个赞,或者发布 1 篇话题笔记
3	困困薯	累计发布 3 篇笔记均获得 5 个收藏或 10 个赞,或累计发布 3 篇话题笔记
4	泡泡薯	累计发布 5 篇笔记均获得 10 个收藏或 50 个赞,其中 1 篇为参加话题活动的视频笔记
5	甜筒薯	累计发布 12 篇笔记均获得 10 个收藏或 50 个赞,其中 5 篇为参加话题活动的视频笔记
6	小马薯	累计发布 50 篇笔记均获得 10 个收藏或 50 个赞,其中 5 篇为参加话题活动的视频笔记
7	文化薯	累计发布 9 篇参加话题活动的视频笔记均获得 10 个收藏或 50 个赞,或者累计发布 100 篇笔记均获得 10 个收藏或 50 个赞
8	铜冠薯	累计发布 12 篇参加话题活动的视频笔记均获得 10 个收藏或 50 个赞,或者累计发布 300 篇笔记均获得 10 个收藏或 50 个赞
9	银冠薯	累计发布 15 篇参加话题活动的视频笔记均获得 10 个收藏或 50 个赞,或者累计发布 500 篇笔记均获得 10 个收藏或 50 个赞
10	金冠薯	累计发布 18 篇参加话题活动的视频笔记均获得 10 个收藏或 50 个赞,或者累计发布 800 篇笔记均获得 10 个收藏或 50 个赞

图 5-4　金冠薯等级要求

用户想要达到某个等级就要满足相应的要求，等级不同，小红薯获得的相应物品也不一样。

从表5-1可以知道，薯宝宝们晋级的主要行为是发布笔记、参与互动话题、获取点赞或者收藏，而这三点对应的则是内容数量要足够多、内容本身要足够优秀、内容具有很丰富的信息。

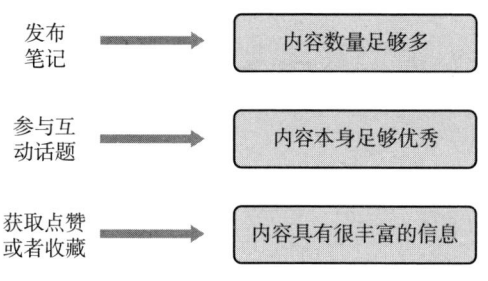

图5-5 薯宝宝晋级的行为

另外，薯宝宝们一定不要为了在短时间内升级而用软件去刷赞、刷评论。除去人工以外的一切刷赞方法都是不安全的，何况就算一时刷到了没被查封，而你始终交不出优质的笔记来，那么刷再多也没用。

需要注意的是，在搜索时多去刷关键词以及文章越垂直越好。当你看完其他人的文章时，要记得真诚地去发表评论，而你的真诚就可能触发别人去给你点赞、评论，运营一段时间后你的权重就上来了。

爆红笔记

为什么要重视小红书账号等级？
a. 身份象征，让人更信任你。
b. 等级越高，权重越高。

排名优化第三步：掌握关键词排名规则与方法

以前我们习惯了"有问题问度娘（百度）"！

现在是有问题上小红书。

以前我们习惯了购物上淘宝！

现在是先上小红书看评论。

对于我个人而言，小红书更像是一个全攻略宝典，基本我生活中的吃、喝、玩、乐，我都会上去搜一搜、看一看。

本节要讲的就是小红书排名优化里很重要的一项——关键词。只有关键词排名在前，我们才能获得不错的流量，带来很好的收益。

◎ 不可不知的关键词排名规则与方法

关于小红书的关键词排名，我先举个例子，薯宝宝们就明白了。

比如说"面膜"这个词，买面膜的用户肯定都会去搜索"面膜"这个关键词。我搜的时候，光这个关键词，小红书给出来的数据是237万+篇笔记，2万+件商品。

所以说你必须排名靠前，才有人看到你。

这就是关键词排名的作用，只要把关键词做好，收获的用户也必定是满满的。

当然，关键词排名只是小红书推广方式的一种，有些大品牌会直接找一些明星来推广，当然费用肯定也不菲。总之，不同实力的品牌企业主在

图 5-6 搜索"面膜"的截图

选择推广方式时也会用到不同的小红书推广渠道。

那么,小红书的关键词排名有什么规则和方法呢?

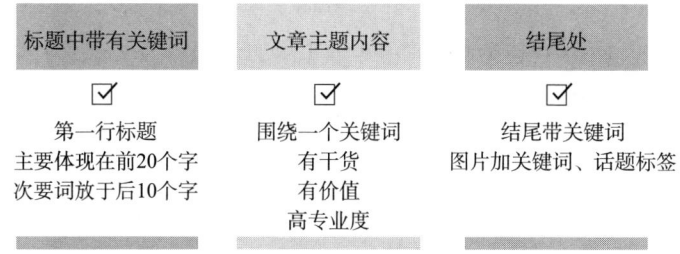

图 5-7 关键词排名的规则与方法

1. 标题中带有关键词

这一点我在前面章节已经讲过,不再多做重复。切记你的笔记标题中必须要有关键词。

2. 文章主题内容围绕一个关键词去写

确保整篇笔记都是围绕一个关键词展开，不要围绕多个词、多个主题去写。围绕一个词写出有价值的干货就可以了。

3. 结尾处带关键词

结尾（图片）加上关键词、带上话题标签可以起到画龙点睛的作用。

以我自己的小红书号为例：

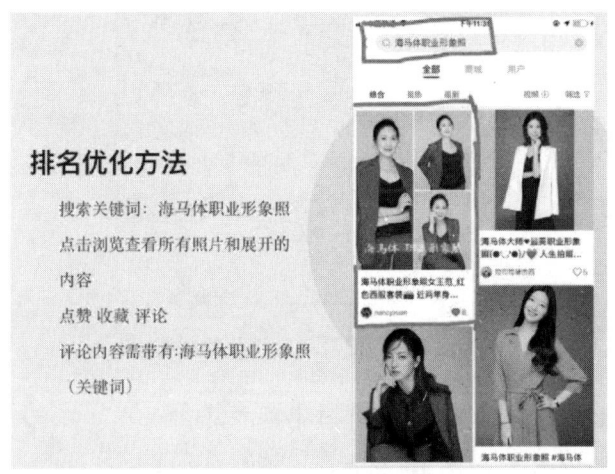

图 5-8　排名优化方法举例

爆红笔记

关键词排名规则与方法有哪些？

a. 有关键词。

b. 有主题。

c. 有结尾（不要虎头蛇尾）。

第六章
优质内容运营：做好选题策划和适度吸粉

运营本质：分享经济下的社区+电商化社群

在分享经济之前，被人们说得最频繁的就是共享经济①了。可今时不比往日，当共享经济背后的资本开始要求报表漂亮了，共享经济下的主体应用也就不会"收割"用户了。

不管原因如何，类似共享单车的模式都是通过"制造"来实现"共享"的，本质上还是租赁经济模式，并且属于低频的交易模式。

那什么是分享经济？

说得直白点，你把自己认为好的东西告诉身边的人，这就是分享；当你完成了分享还有报酬，这就叫经济。

顾名思义，分享经济就是你把好的商机分享（介绍）给他人，而你从中获得相应报酬。

分享经济不仅是用户之间沟通、增加感情的好途径，也是做内容运营的好策略。

以前，我用10元进货，20元卖给你，那我赚10元；现在，我花10元买到了我自己喜欢的商品，使用后我觉得不错，于是推荐给你，你也花了10元买到了好东西，但我却没挣你一分差价。但是，厂家或者品牌商给了我10

---

① 共享经济：通常是指以获得一定报酬为主要目的，基于陌生人且存在物品使用权暂时转移的一种经济模式，其本质是整合线下闲散的物品、教育医疗资源和劳动力。

元的推广费。我不用进货，你也不用多花钱，厂家或品牌商也没有多花广告费就增加了销量，可谓是"三赢"！

这就是我们现在提倡的分享经济，也是未来商业发展的趋势。

◎ 小红书内容运营的本质＝电商+社群+分享经济

大部分女性用户在了解美妆、护肤、时尚的过程中，若想要更深层次地了解，方式一般有两种：一种是花足够多的钱不断购买，进行尝试和体验。另一种是通过和一群乐于分享的朋友讨论，若两种都无法满足，一个晒好物分享并能参与讨论的专业社区就是最好的选择。所以，小红书的内容运营其实是基于分享经济，引导用户主动去分享才能形成电商社区。

可见，小红书社区+电商的运营模式，正是在以"分享"为中心的前提下得以高效运营的。这一模式有别于传统电商平台买卖为主的单一交易方式，它非常贴近用户。小红书通过丰富的内容运营，如定期推出社区活动、新贴纸，引导用户一起晒图、晒物、晒笔记等，结合更贴近女性用户的日常消费场景，让用户的这些行为变成了一种习惯甚至是一种成就，一种利益。加上将特色鲜明、高性价比的商品以图文笔记的形式收录，对用户购物消费进行决策、购买引导，小红书将笔记体系的商业效率和商业价值发挥得淋漓尽致。帮助用户记录购买需求的同时，与商城购买无缝对接，真正实现了从社区到商城的分享经济盈利模式。

电商+社群+分享经济这一模式为什么会有巨大的盈利？

1. 社区起家，口碑经得起考验

小红书做社区起家，积攒了大量优质口碑。真实优质的用户评论，无疑是提升用户转化和留存的利器。

2. 科学选品，基于用户行为背书

小红书平台的每一次选品都是基于大量真实用户的反馈，数据化地科学选品，推出后想不受欢迎都难。

3. 针对用户行为的精准推荐

每个月用户的打开频次、平均使用时长等,都有数据推算。用户的行为越复杂,使用APP时间越长,推荐就越精准。这点当然也要看APP本身的使用体验,小红书依然在不断改进、提升体验。

总结起来,就是大量用户原创内容吸引用户,通过用户之间的互动产生用户黏性,从而为电商平台带来用户留存及更大的利润空间。

现在是互联网从1.0平台电商经济向2.0分享经济的转型阶段,电商+分享经济+社群成为新的黑马定律。也许真正的盈利时代还没到来,我们需要的是更多的创业者参与其中,做分享经济的领头羊,将传统电商不能分享给消费者的利益,送到用户手中。让真正的实惠带动用户与用户之间的有效分享。这样更利于平台规模发展,也是实现平台价值、为用户带去好商品的有效方式。今天的互联网电商不是会了才去做,而是做了才可能会。当你还在犹豫生意应该怎么做的时候,殊不知以后根本没有好做的生意。现在的机会不只留给有准备的人,更留给勇于尝试、敢于开拓创新的人。

爆红笔记

小红书的运营本质是什么?

a. 电商+社群。

b. 当然少不了"分享经济"。

内容运营第一步：好的内容来源才能生产出好的内容

最近几年，有一个被用烂了的词——好内容。

如今，人人都渴望生产好的内容，包括平台本身、品牌商家都不惜砸重金想要拥抱好内容。

那么，究竟什么样的内容才叫好内容呢？

有些薯宝宝认为，所谓"好内容"，第一感觉就是看完这篇笔记内容后觉得很厉害，"这是我无法做到的技术帖"；"这么好看的美食、旅行大片我可拍不出来"……

其实，在我看来，好的内容其实是平台能够将合适的内容匹配、推送给对应的、有需求的用户，也就是所谓的"千人千面"。

所以薯宝宝们在运营小红书，做传播、输出内容时，一定要先想明白以下几点：

◆ 你打算做哪一类内容？你的受众/粉丝是大众化的还是小众化的？

◆ 你的粉丝，或者说你定义的粉丝，他们苦苦追求的是什么？迷茫什么？焦虑什么？逃避什么？

◆ 内容其实无关高、大、上，还是低、俗、low，而是是否能对上粉丝的口味。

◆ 让人不费力地阅读，一下子就能看得懂：如果你自己觉得写的内容很好，但就是别人看不懂，那也不能称为"好内容"。

我在最早期刚接触这个行业、开始做内容的时候，也犯过这个错误。我在各大平台输出内容快一年，每天都很勤奋，保持更新三五千字，一年累计下来近百万字。虽然自己很累，但却忽略了内容本身，只想着熟能生巧，结果最后我发现绝大多数的人根本看不懂，甚至付了费跟我学习一段时间的粉丝，算是属于比较愿意进一步了解你的人了，似乎也搞不太懂。那我每日更那么多字究竟是为了什么呢？我又收获了什么呢？

后来我总结出，好的内容应该是这样的：

- ◆ 跟用户/粉丝有关系。
- ◆ 用户/粉丝能从里面找到自己的"缩影"。
- ◆ 能给用户/粉丝创造美好体验。
- ◆ 能让用户/粉丝为 ta 自己行动起来。

每个人都有自己的渴望和梦想，没有谁愿意当一辈子废柴。但是在实现梦想的途中，有大把的人自暴自弃、得过且过。所以，人皆有梦想，但不是每个人都能找到它、激发它。

同理，我们在运营内容时，若能把自己的用户想得清楚，才能真正发现用户的渴望和梦想，才能帮他们找到那个"激活"的按钮。

下面我给大家介绍 3 种能基本确保你挖掘好内容的来源。

技巧方面的内容，在第四章已经说明，在此不再重复，请薯宝宝们温故知新。

◎ 3 种内容来源确保你创造的内容是"好"的

小红书的 3 种内容来源主要有：UGC、PGC 及以明星、达人为代表的 PUGC。

好的内容最主要是来自于用户的原创内容。作为用户，你要确保自己坚持记录自己生活的点滴并与大家分享。

1. UGC（用户原创内容）

UGC，即用户原创内容，它是小红书的主要内容来源，这部分的内容生产占比最大。在小红书平台，每天都有大量的用户在生产原创笔记，而小红书的等级体系也在激励用户进行 UGC 内容生产。

在前面介绍的小红书用户成长体系中，从尿布薯到金冠薯总共要经历 10 个等级，用户在升级的过程中，就包括了"内容生产"这一项。

为了激励用户生产出优质原创内容来，小红书通过在搜索框、热门搜索等位置做话题推荐，吸引用户进入话题生产内容。另外，小红书官方还发布了相关的内容生产指导笔记。

2. PGC（专业生产内容）

以内容话题的分类作为划分依据，小红书开设了多个垂直官方账号。

图6-1 小红书的垂直官方账号

图6-1是小红书的垂直官方账号。你可以多关注小红书官方账号发布的内容及笔记风格、形式，观察官方是如何生产好内容的。

3. PUGC（专业用户生产内容）

专业用户主要分为3类：

◆ 从其他MCN平台邀请的达人/团队。

◆ 小红书培养的达人用户。

◆ 明星。

其中，小红书官方培养的达人用户通常是小红书重度用户，专门为小红书生产大量优质内容。另外，小红书利用明星影响力，同样收获了一大批粉丝用户。例如，秦岚、吴谨言、吴昕等当红明星陆续入驻小红书。

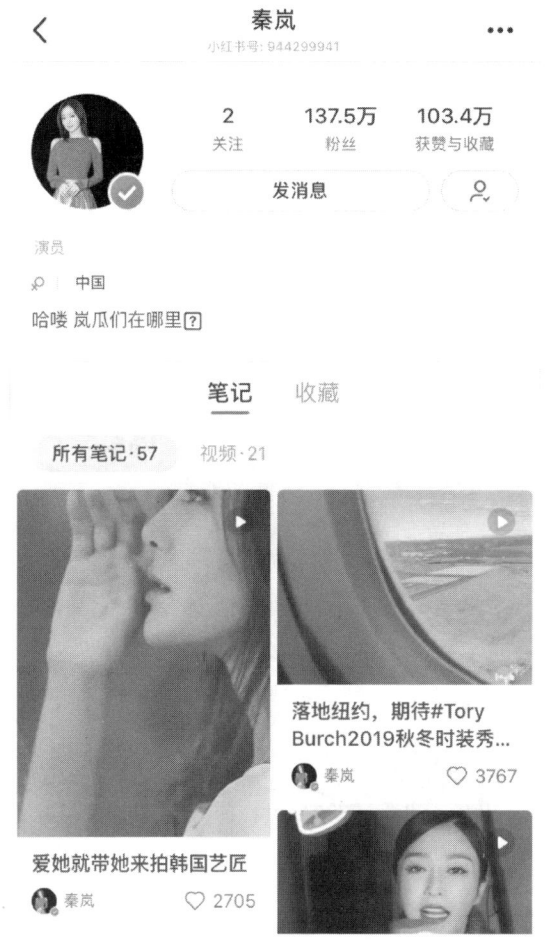

图 6-2　秦岚的小红书主页

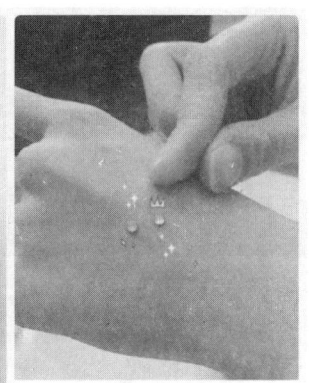

图6-3 吴谨言的小红书主页

图6-4 吴昕的小红书主页

从这些当红明星入驻小红书的反响来看，粉丝经济依然有大量的市场，从用户的关注数、收藏量就能看出粉丝或者是普通用户对明星的推荐是多么的信任和好奇。所以，一旦明星在小红书上创造了优质的内容，那么其权重都是很高的，对粉丝的吸引力也很大。

薯宝宝们，只要把握了这三个最常见的内容来源，我们接下来的创作就会有迹可循了。

爆红笔记

小红书的优质内容来源是什么？

a. UGC。

b. PGC。

c. PUGC。

内容运营第二步：选题策划是输出优质内容的关键

好的内容不只对薯宝宝们来说很重要，对于小红书平台本身来说也很重要，因为无论是生产还是传播哪一类话题，有内容价值的平台才有生命力。

在传授技巧之前，我要特别提一个新名词——知识付费。

所谓知识付费，是指在互联网平台中，用户支付一定的费用从而获取有特殊需求的信息，这是不折不扣的经济行为。

薯宝宝们可能要问了，真有那么多用户肯付费吗？这跟我们运营小红书又有什么关系呢？

首先，互联网科技的进步在给我们带来便捷的同时，也带来了泛滥的、爆炸的信息。而这个信息大爆炸的时代最突出的两个问题是：第一，信息超载，第二，有用的信息匮乏。有太多没有价值的信息干扰着我们，以致当我们对某一类专业度高的信息有需求的时候，一时间很难辨认出对自己有价值的信息来。这样的背景下就产生了知识付费经济。出于对原创作者的尊重、鼓励和支持，越来越多的人愿意为知识买单。

因此，UGC，也就是我们所说的用户原创（生产）内容模式逐渐盛行。不只是小红书，许多平台都开始支持并鼓励用户发布自己的原创内容，既满足了其他用户的需求，也为用户和平台带来了可观的收益。

所以，原创内容的质量决定了一个平台的生命力，小红书平台之所以能越来越红正是得益于"内容为王"的生产理念。如果我们要成为小红书平台的内容生产者，就一定要加强原创，而不只是成为内容的搬运工。要原创，就要做好选题策划。

好的选题策划会令你的内容既有爆点又有话题性，更易引发用户参与讨论、带来大量曝光和流量。

1. 小红书的话题

当你不知道写什么话题时，小红书平台的话题分类就是你最重要的参考。

在小红书整改之前，内容覆盖时尚穿搭、护肤彩妆、明星等18个话题，如图6-5所示。

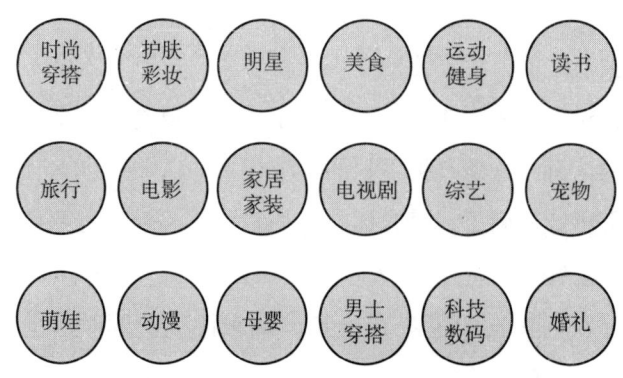

图6-5　小红书整改之前版本中的18个话题

2019年开始，小红书通过几次版本的内测调整，也根据平台的用户、内容数据分析，进行了话题的整改。截至定稿前，小红书平台的话题分类如图6-6所示，包括推荐、美食、旅行、娱乐、时尚、才艺、动漫、游戏、运动、美妆、萌宠、摄影、萌娃、学习，由18个话题精简至14个话题，让垂直细分更加精准。

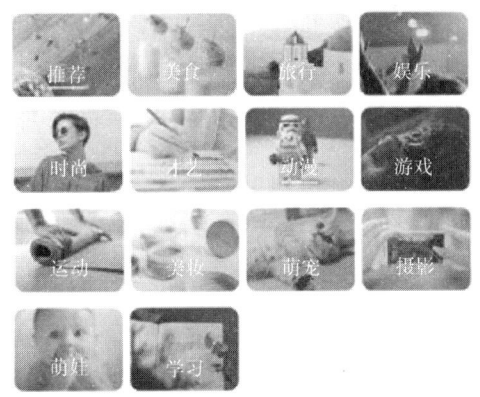

图 6-6 小红书改版后的 14 个话题

2. 小红书的内容选题

小红书的内容选题主要来自两个方面：一是围绕上面 14 个话题进行筛选，用相关的关键词裂变选题；二是追热点。

如图 6-7 所示，薯宝宝们在选择话题这步时，就可以选择图 6-6 中对应的话题，或者是选择推荐话题排名里面热度比较高的话题。

图 6-7 小红书中热度较高的话题示例截图

另外，不同的话题下，选题划分的维度也不同，有根据品类分的、有根据用户分的、有根据生活场景分的。以话题时尚为例，它下面的选题就是根据品类来分的。例如，一周时尚分享、夏日搭配公式、日本最火的设计师品牌等。

3. 在小红书上"追热点"

根据前面两步，我们找到了适合在小红书发表的话题和选题，接下来我们还要检查一下选择的主题是否能跟上热点。这就好比微博、百度上每天都会实时更新热搜话题，当用户在浏览平台时，自然会先关注那些热点话题。

例如，在2018年的世界杯期间，小红书就做了很多与这个热点相关的选题策划。

```
Q 世界杯                               ⊗ 取消

世界杯                                  2万+篇笔记

跳绳世界杯

女足世界杯

挪威世界杯

篮球世界杯

空军一号世界杯

2018世界杯

为世界杯干杯

世界杯球迷上线

Pick我的世界杯

来小红书看世界杯

世界杯在线热聊

世界杯狂欢色

2018俄罗斯世界杯
```

图 6-8　世界杯热点示例截图

当时的情形是，只要你在搜索框检索"世界杯"三个字，就会出来如图 6-9 所示的页面。

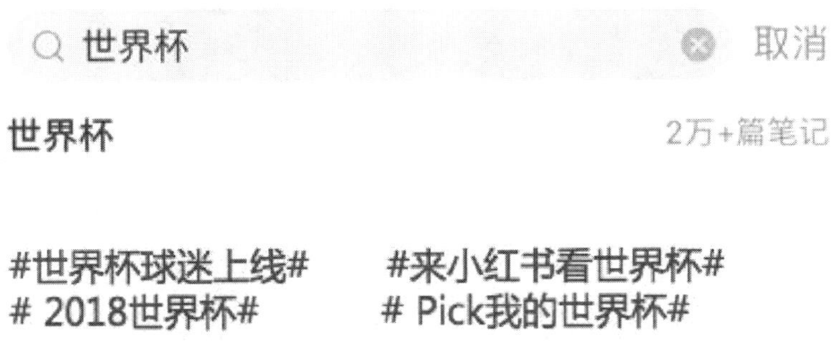

```
🔍 世界杯                              ✕  取消

世界杯                                  2万+篇笔记

#世界杯球迷上线#      #来小红书看世界杯#
# 2018世界杯#         # Pick我的世界杯#
```

图 6-9 2018 年世界杯期间小红书自带的热点话题示意图

即"世界杯"下面会自带小红书策划的最新关于世界杯的热点话题。除此之外，当时比较火爆的话题还有#世界杯狂欢色#、#和小龙虾一起看世界杯#、#世界杯看球神器#、#世界杯最佳球迷#等。

因此，当薯宝宝们无从选择好选题的时候，可以围绕官方给出的热点话题，并与自身的笔记相融合，甚至我们可以延伸出更多有价值的干货、窍门、自身经验等。这种追热点的方式，其优点是花钱少、效果好。

倘若某个时间点，小红书刚好没有什么值得跟风的热点，那怎么办呢？

这就要求薯宝宝们平时就要保持对热点话题的高敏感度，随时借力热点不断创造新的话题出来，生成你专属的"标签贴纸"。

印象最深刻的是几年前浙江卫视的一档亲子节目《爸爸回来了》，其中贾乃亮、甜馨这对父女可谓赚足了眼球，带了很多热点出来。女儿甜馨的一条金句"我们白着呢"更是成了热搜，立刻引爆了话题（如图 6-10 所示）。薯宝宝正是借力类似的热点来提升转化率。

除了根据实时热门现象做策划，我们还可以根据一些短期内可以预见的热点事件提前策划，也可以针对原创内容来延伸进行策划。例如，现在小红书上有很多女性薯宝宝们都喜欢分享自己的发型样式，发布的人多了，小红书就将用户发布的内容策划成一个个的专题内容，供其他用户更

图6-10 善于借力热点话题的薯宝宝笔记截图

好地找到自己想要的内容。

4. 热点选题策划推荐

选题策划的关键是要选择自己擅长领域的话题,千万不要运营没多久,就把你的账号变成了"安利号",当接广告成了日常,笔记风格就变成了夸张的宣传。这样的账号或许可以火爆一时,却不利于长期发展。

下面我给大家推荐几个笔记容易被认可,策划起来相对难度较小的领域里的题材。

◆ 分享育儿知识

小红书上有很多全职妈妈,各式育儿类的爆文也不少。如果想尝试写这方面的笔记,平时要多看看育儿类的书籍和文章,结合实际情况分享最有用的育儿干货。例如,这个领域里比较热门的话题主要有:"怎么给宝宝断夜奶?""如何陪宝宝读绘本?""宝宝专注力差,玩玩具三分钟热度怎么办?"等等。

◆ 美食

目前垂直领域里的美食APP已经很多了,但是自己坚持每天下厨房做美食的吃货却不多。薯宝宝们可以按照网上的教学方法做出色香味俱全的美食，然后在小红书上给大家分享食谱和制作的工序，比如火遍抖音的柠檬鸡就是个例子。

◆ 水彩画

很多准宝妈为了打发孕期的时间，会选择入门简单的水彩画。如果有兴趣，可以等到能拿得出手了，就和用户分享你的水彩学习经验。当然其他形式的绘画也是可以的。

◆ 手账

手账主要在职场妈妈和全职妈妈的圈子里比较火爆，手账不仅可以记录生活的点滴，还能规划未来的生活，居家过日子都会用到它，是一个很值得"入坑"的领域。

◆ 收纳

现在人们都讲究"断舍离"，不仅限于收纳，还有其他能够让人端正态度、认真生活的技巧，比如家居规划技巧、厨房特殊小技巧、叠衣服技巧、扫地技巧等。

我只是为大家做个简单的总结，还有很多实时诞生的热门话题有待各位聪明的薯宝宝们进一步挖掘。

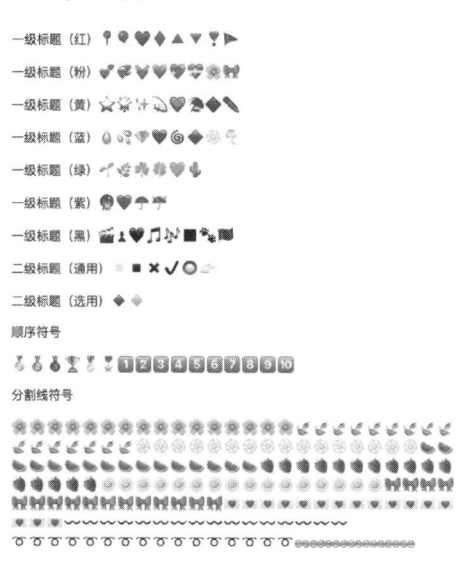

图6-11　小红书热门笔记符号

薯宝宝们,当你们跟随我一步一个脚印地将学习进行到这里,于我是一种信任也是一种肯定。本节最后,我要为各位薯宝宝们奉上一个小福利——小红书热门笔记符号工具箱,这可是薯宝宝登上热搜、上头条的秘密武器哦!

以上是我们在撰写笔记时经常会用到的符号,包括标题分级、顺序、分割线等。有了这些笔记符号傍身,薯宝宝们写笔记时再也不用担心枯燥乏味没逻辑啦!

爆红笔记

优质选题如何策划?
a. 参与小红书的话题和选题。
b. 追热点,但不只是追热点。
c. 关键还是有价值的内容啊。

内容运营第三步：增加阅读体验的同时让用户 Get 到重点

只做真实用户分享的社交电商平台，并没有影响用户在小红书上发布笔记、分享信息的积极性，反而因为这份"真实"让分享变得格外可贵，内容也更加精准、聚焦。

一篇优质的笔记并不会因为短期内的曝光量不够、流量太少就永无翻身之日，在小红书，薯宝宝们不必过于担心自己的才华被埋没。但前提是，你一定要在确保内容质量的同时，懂得站在用户的角度改善文章，既让用户获得一个好的阅读体验，又能让用户不用花费太多时间，就能 Get 到笔记的重点。

◎ 内容达人养成——成于体验，败于细节

下面我就为薯宝宝们总结一下一篇好的笔记内容都需要注意哪些小细节。

1. 各个段落内容细节

薯宝宝们在写完一篇笔记后，要对整体内容有一个综合的把控。包括文章字数尽量控制在 300 字以内，尽量不要太多流水账式的文字。

举个例子，如果你要发一篇面膜的笔记，那么你可以这样写：

标题：不要忘了取一个"吸睛"的标题并且加上关键词。去掉关键词之后一个标题尽量在 4~8 个字，再加 1~3 个小红书系统中自带的表情符号

吸引注意力。

副标题：如果有副标题就放在内容第一段，然后把关键词放在前面20个字里。例如，＊＊＊＊＊＊＊＊＊＊＊，有需要的小仙女可以种草了！

第一段：关键词出现2～3次就可以了，但是首段第一句话必须包含关键词。

第二段：关键词或者同义关键词出现2～3次即可。

第三段：关键词出现1次以上。

第四段：写一句标题一样意义的话，画龙点睛。如标题是"这款补水面膜怎么好用"，同义为："这款补水面膜之所以这么好，＊＊＊＊＊＊＊＊＊＊＊＊＊＊。"

另外，在文章结尾处要选择话题，以及和关键词相关的话题来述说。

2. 图片细节

封面图颜色要新颖一点，大家可以参考小红书中关键词排名靠前的、热度比较高的图片风格。注意图片要能展示你的品牌或者产品功能特性。

3. 互动细节

发完笔记之后要保持与用户的互动，如回复评论保持活跃。

4. 其他细节

笔记内容不能夸大事实，要真实。

一个账号做成什么风格，写什么风格、类型的文章，"调性"很重要。一是你的账号要契合小红书平台的调性，二是你发布的内容契合你的个人风格。但无论你写什么，笔记内容不能夸大事实，别忘了小红书平台推崇的是"真实、多元、美好"。其中真实是第一位的。所以，薯宝宝们写的内容力求真实，不用太烦琐，尽量口语化一点，不写公关文。

爆红笔记

如何增加阅读体验?

a. 广告就算了吧。

b. 小细节不可忽视。

内容运营第四步：遵守平台规则，适度吸粉

现在的小红书平台已经成了名副其实的"红人馆"。"红"到什么程度？来看看2019年7月17日，小红书官方发布的一组数据。

小红书宣布，2019年第二季度，小红书MAU① 超过8500万，社区每日产生30亿次的笔记曝光，其中70%的曝光出自UGC内容。

如果薯宝宝们难以理解数据中的数字是怎样一种庞大的概念，那我们再来看下面这组数据——2019年小红书社区第二季度反作弊报告。

小红书第二季度每天平均清理刷量笔记4285篇，除机器刷量外，每天还有920篇人工刷量笔记被清理。小红书表示，平台平均每5分钟清理18.6个刷量账号、168个虚假点赞、135个虚假收藏、571个虚假关注；可以0.1秒识别机刷，对人工刷量识别准确率已达到99.9%。

小红书相关负责人还透露，2019年下半年，小红书还会继续加强社区反作弊技术的开发和大数据建设，甚至要联合各地警方重拳出击。

且不论小红书每天会产生多少庞大数量的笔记，单看"每天平均清理刷量笔记4285篇"就知道"红人馆"里的竞争有多激烈了。

所以，薯宝宝们在发布笔记之后，自然不能坐以待毙，在不能确定你写的是不是爆文的前提下，就更不能静等官方收录、推荐到你的头上。这时候

---

① MAU，Monthly Active Users，月活跃用户数的简称，指网站、APP等月活跃用户数量（去除重复的用户数）。

我们就需要用人工来"制造"一些基础数据，让你的笔记再往上爬一爬。

注意，我并不是鼓励或者是教唆薯宝宝们去用不正当的违背平台规则的手段刷量，而是要在遵守平台规则的前提下制造数据。

怎么制造好看的数据？

1. 适度吸收点赞、收藏量

第一，给别人点赞，吸引对方帮你收藏和点赞。

第二，在你的微信群或者朋友圈发起互赞、互收藏的福利，互相帮助。

记住，见好就收。这样的数量不需要很多，10~20个就会有所成效，这样有了基础数据之后，起码你的笔记就已经比一些普通的笔记距离上热门更进一步了。吸收天然流量的同时，等着系统释放给你更多的好资源，如果你的笔记符合这样的条件，就不会平平淡淡地被埋没。

2. 一旦被推荐/上热门后不要大篇幅修改笔记

当你的笔记上了热门或者被小红书官方推荐后，打造爆文也就暂时告一段落，但是真正的运营也是从此时开始。千万不要为了精益求精而在短时间内大篇幅修改笔记，否则很容易被降权限，让人搜索不到，因为你重新修改一遍就意味着要重新审核一遍。

爆红笔记

如何"制造"数据？

a. 点赞、收藏量一个不少。

b. 发完就别乱修改了。

第七章
构建 KOL 矩阵：孵化更多小红书达人

达人带来流量，流量带来变现

KOL，Key Opinion Leader 的简称，意为关键意见领袖。

在流量碎片化的时代，对于品牌传播而言，除了 PGC 内容与 UGC 内容各自在发挥着作用外，KOL 的口碑传播与带货能力也成了品牌推广的不二之选。就连小米 CEO 雷军都来到了小红书当起了 KOL，并且还发博自称"不玩小红书，肯定不行"。

◎ 雷军为何"不玩小红书，肯定不行"

提起 B 站[①]的"灵魂歌手"，提到那句被玩坏的"Are you OK"，薯宝宝们一定会想起小米 CEO 雷军。有人说，这两年雷总"性情大变"，好好的 CEO 不当偏偏当起了网红。

混迹 B 站并且走红其实并不在雷军的意料之中。最初是 2016 年雷军在印度的一个发布会上说了一句土味十足的"Are you OK"，紧接着 B 站用户自动自发专门为雷总开设了"鬼畜"视频专题。雷军发现原来广大网友这么喜欢自己，于是顺势"自黑"，还推陈出新演唱了"The Monster""believer"等多首流行金曲。

[①] B 站，哔哩哔哩的简称，英文 bilibili，目前是国内领先的年轻人文化社区，该网站于 2009 年 6 月 26 日创建，后被粉丝们亲切地称为"B 站"。

只是已经习惯了去 B 站看雷军发表"鬼畜"宣言的朋友们，这回要挪到小红书了。

没错，成了网红的雷军，如今又玩起了小红书，从暗黑的 UP 主风格走上了精致、时尚的 KOL 风，颇有点反差萌的效果。

为了成为"KOL 雷军"，网红雷军开始成为品牌的发声器，开始在小红书上种草、带货。甚至，他仍不忘比出对用户而言最有记忆点的鬼畜"OK"手势。

雷军在小红书的宣传话术非常贴近小红书的风格，时尚、种草、潮酷、年轻、出街等年轻人惯用的流行语皆是其小红书笔记的高频词汇。甚至几乎每篇笔记，雷军都会使用小红书 KOL 标配的套餐——钻石、四叶草、闪亮符号，一股浓浓的带货风扑面而来。

2019 年 6 月 21 日，成为小红书上认证的企业家，雷军还是第一位，在入驻还不到一周的时间，"新人"雷军已发布了 20 篇笔记，这勤奋程度已然超过了靠卖货为生的小红书达人们。

图 7-1 雷军小红书笔记

截至 2019 年 7 月 22 日，雷军共发布了 27 篇笔记，包括图片、Vlog 等多元化的形式，内容以最新发布的 CC 手机为主。除了发布广告帖、关注了小米的相关账号，更接地气的是，雷军还关注了一些时尚、美妆博主的账号，看上去这位企业家的小红书号和普通博主没有多大差别。

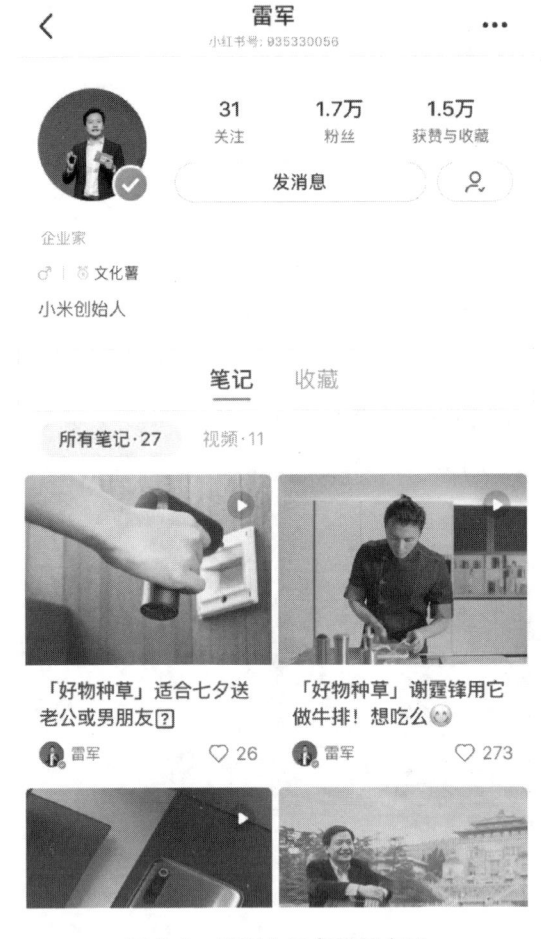

图 7-2　雷军小红书账号主页

如此努力的网红、KOL 博主雷军，卖力吆喝到了 1.7 万粉丝和 1.5 万的获赞与收藏。虽然这个数据表现已经相当于一个月收入近 3 万的小博主，但雷军显然对这个数据并不满意，在小米发布会上雷军还亲自拉粉关注自己的小红书账号,并自嘲自己的粉丝量就像十八线明星。

从这点来看也彰显了小红书的公平竞争性。小红书并没有因为这位企业家的鼎鼎大名,就增加其权重给予大量粉丝和收藏获赞量。仔细看,雷军的笔记大部分有几百的评论量。可见,雷总的小红书是一步一个脚印地运营起来的。

目前看雷军在小红书的影响力还不如自家产品小米更火一点。在小红书搜索"小米",显示有超过15万篇的用户笔记,30天内小红书上关于小米的用户互动数据超过了1000万。

图 7-3 关于"小米"的用户笔记

差距如此之大,让雷军在微博都感叹:"不玩小红书,肯定不行。"

回到我们开篇的话题,为什么雷军说"不玩小红书,肯定不行"?

这就涉及我们接下来要论述的达人经济。网红也好,KOL 也罢,都是在通过达人经济带动流量,再通过流量带来变现。

你真的以为一个企业家会有闲情逸致跟广大网友聊天,在软件里码字?!说白了,雷军也是为了宣传小米新机 CC 而在适当的时候玩起了小红书。对于小米这个企业品牌,最有权重的代言人莫过于总裁雷军了。

人是入口,达人是流量,流量带来变现。2015 年开始,我们玖小时一直在专注做辣妈达人的签约和孵化,到目前为止已经在全国范围内独家签约了四五百名代言妈妈也就是 KOL,而这些 KOL 的粉丝加起来已经超过 3000 万。这也是为什么如今会有那么多的 MCN① 平台诞生了。只有将专业的事情交给专业的团队来做,才能事半功倍。

爆红笔记

达人经济跟流量有什么关系?

a. 学学雷总你就秒懂了。

b. 不玩小红书不行,不成为达人更没得玩。

---

① MCN,Multi-Channel Network 的简称,是指多频道网络的产品形态,把 PGC 内容联合起来,在资本支持下保障持续输出优质内容从而顺利实现商业的稳定变现。

KOL 之变——品牌合作人准入条件的升级

从 2017 年开始,小红书通过冠名综艺节目《创造 101》等,邀请明星入驻等线上线下结合的广告推广方式,让小红书在 2017 年和 2018 年迎来了爆发式的增长。

增长的背后,是暗流涌动的危机和变革的前奏。2019 年 5 月 10 日,小红书官方发布了《品牌合作人平台升级说明》。一时间,"小红书把枪口对准 KOL"之类的消息甚嚣尘上。

品牌合作人平台升级说明

为了不断满足品牌主和内容创作者的需求,更高效地连接品牌、内容和人,小红书品牌合作人平台即将在近期进行迭代和升级。

我们于 5 月 10 日起,全面施行品牌合作人准入条件,条件如下:

(1) 粉丝数量≥5000。

(2) 近一个月的笔记平均曝光量≥10000。

近期,我们将对已符合品牌合作人准入条件的博主进行合法合规的实名制签约,具体签约流程请关注近期站内邀请。同时,内容合作机构若满足拥有至少 10 个以上品牌合作人,且公司成立一年以上的条件,可入驻品牌合作人平台。

(1) 针对未达到品牌合作人准入条件的博主,将不再作为品牌合作人。未来重新达到准入条件的博主,可再申请成为品牌合作人。

（2）针对现有内容合作机构中，未达到10位符合品牌合作人准入条件签约博主的，给予机构一个月成长期，成长期之后如机构仍未满足条件，将不再作为平台内容合作机构。

（3）因不符合新升级标准而被取消品牌合作人身份的原合作人将无法再使用品牌合作报备功能，6月10日前可在笔记中通过加入文案"#插播一条小广告"来声明利益相关，从而合规发布已签约合作的商业笔记（具体参考薯管家笔记《推广笔记社区规范》），6月10日及之后，非合作人则不得再发布商业笔记，待账号符合品牌合作人新升级标准后，可重新申请品牌合作人身份。

（4）6月10日前，未签约的合作人则保留原有报备流程，具体请参考薯管家笔记《推广笔记社区规范》。

从上面几条规则来看，小红书将合作人准入门槛提高到粉丝数量≥5000、近一个月的笔记平均曝光量≥10000。在2020年最新版本的升级说明中，小红书还补充了一个条件：近半年自然阅读量2000以上的原创合规笔记数≥10篇。这意味着不符合要求的KOL将被取消品牌合作人的资格，直接被踢出局，更不能在小红书上接广告。

其实，品牌合作人一直是小红书商业化的重要尝试，只有有了品牌合作人资质的博主才被小红书允许在平台上接品牌的广告。

小红书新规一出，引起了大量在"不符合KOL资质边缘徘徊"的博主的不满，认为这是在"清洗KOL"。而KOL不满的地方在于，首先是升级后的门槛太高。有媒体评估预测，原本小红书上可能有2万个品牌合作人，但现在新规定下，恐怕只有5000多名合规的KOL。其次是机制不够透明，准入门槛中有一条是曝光量，有KOL认为所谓的曝光推荐机制究竟是怎样的无人知晓。因此，很多不符合新规条件的KOL怨声载道。

针对这些质疑，创始人瞿芳迅速做出了回应，她说"新规是为了保证内容质量而不是清洗KOL"。

1. 用户价值的坚守是小红书最后的倔强

面对纷争，小红书的变革步伐却没有停止。

两位创始人都非常坚定这次品牌升级的目的是保证内容对用户的价值。

小红书发展的使命和基础，始终是致力于打造更加美好、真实、多元的平台生态。无论是 KOL、明星还是 MCN，首先都要创造用户价值，这样才会有用户认可你。推荐机制之所以不公开，是因为一旦公开机制就会有人利用机制来做文章。

所以看似不可理解的变革，其实是在规范小红书平台的规则，建立更加高效、透明、公正的品牌合作人体系。将 KOL 科学管理起来，同时也扶持配合的 MCN 机构为未来变现做好准备。

小红书意识到，只有规范商业市场才能建立良好的社区生态，而内容创作者和用户喜爱的内容依然是最重要的。说白了，品牌合作人新规无非是为了进一步打击那些弄虚作假的数据，更好地为用户推荐真实而有价值的内容，让平台那些真正优质的创作内容有更好的发展、生存空间，最终实现品牌、机构、达人、平台的多赢局面。

2. 比起未来更重要的是此刻的内生长

瞿芳说："小红书对商业的态度，是让它更缓慢地生长，而不是心急地收割，这个态度如果把时间轴拉得足够长是非常明显的。我们所有产品的逻辑和最重要的决定都放在产品里面，这些是没有变过的。"对这一阶段的小红书来说，比未来更重要的是内生长。

随着用户群体的暴增，小红书不得不解决两个问题：一个是保持内容的真实性；另一个是如何更好地商业化。

从目前公开的新规来看，有品牌合作人扣分机制、用户举报机制、技术层面的筛选。无论哪一条都是在打击不真实的内容。尽管小红书有时很难百分之百地验证内容的真实性，但是至少可以将更有用的信息筛选出来推送给用户。

小红书的新规或许还不够完善，调整也需要更多时间，但小红书对社区规则的升级是其商业化的必经之路。这也预示着小红书对社区的商业化才刚刚开始。

爆红笔记

为什么小红书如此看重价值？
a. 有价值才能吸粉、变现。
b. 更看重平台内生长。

KOL养成第一步：打造个人IP，塑造一个可描述的形象

要成为一名有话语权的KOL，首先要打造一个个人IP，塑造一个可描述的形象。如果你今天发美食，明天发旅行，后天又变成了微商，大后天又发布了一些穿搭秘籍，后来又说起了实事新闻……经常更换发布内容的领域，是无法被系统明确定位的，被系统降低评分是一定的，那你离一名有话语权的KOL就越来越远，再发布什么内容也不容易被曝光。

在小红书上，有一个"蔷薇凡上金芝瑜伽"的账号。从账号名称来看，会让人联想到这应该是一家"瑜伽体验馆"——这就是该账号可描述的形象，让人一看便知这个IP是做什么的。

蔷薇凡上金芝瑜伽

该账号的主人，我们暂且称为"馆主"。馆主因一本瑜伽书籍喜欢上瑜伽，并开始尝试练习。练习了一段时间瑜伽后，馆主获得了满满的收获和正能量的感悟。自己迷恋上了瑜伽的同时，开始与周围的好友分享它。

慢慢地，馆主视瑜伽为信仰，在她心里，瑜伽不只是一种简单、阳光、积极、快乐、美好的生活方式，也是宠辱不惊、感恩、包容的人生智慧和处世态度。对于许多崇尚艺术美感和追求格调的女性而言，瑜伽更是生活艺术的灵感来源。

2008年，馆主走上了创办金芝瑜伽的道路，后来上线小红书。金芝瑜伽刚上线不久，就在短时间内收获了数以千计的获赞、收藏和粉丝，刚上

图 7-4 金芝瑜伽小红书账号截图

线就能有这样的成绩实属不易。

当然,除了类似瑜伽这种专业性较强的领域,有些领域之间本身关联强度就高,那么也是可以一起来打造的,例如,美食与旅行、美妆与穿搭等。

1. 个人 IP 定位

基于小红书平台可以有以下两个角度的定位:

一是从行业领袖、专家、个人 IP、公司 IP 角度定位,分享一些专业度高的内容。

二是从第三方的角度,也就是普通用户的角度去定位,侧重写第三方视角下的真实感受和体验。

2. 打造个人IP：呈现一个具体形象，彰显你在某个领域的专业度

想要内容被更多人看到，同时又能关注你，你必须要有一个自己的IP形象——呈现出来一个可描述的形象，让不认识你的人在看到你的IP后立刻就能想到你。只是当你打造IP形象并经营了一段时间之后，后期想要再去改变恐怕不行，所以你只能提前做好准备，向着KOL的定位方向出发。

3. 两种方法发笔记，获得关注

◆ 追踪法

追踪法就是你打开小红书的热门榜单，直接看图7-5。

图7-5 小红书的热门榜单

由于这些热搜是系统自动+人工干预生成的，所以我们看到的这些话

题内容正是官方默认推荐的内容。跟着话题走准没错,不过你自身的定位一定要能匹配话题才行,不然就别发。

◆ 埋伏法

顾名思义,提前埋伏布局。例如,在一部国外大片上映之前,可以提前整理好相关的笔记。待到上映的时候,当平台热搜出现电影名字时,你就可以第一时间发出笔记,这样你的笔记就很容易获得大量的关注和点赞。

根据我这个思路,薯宝宝们可以提前"埋伏"一些关键词,这就好比考试提前押题一样。一旦命中,你就可以随时登上热搜。

爆红笔记

如何成为有话语权的KOL?

a. 塑造可描述的形象。

b. 追踪、埋伏。

KOL养成第二步：为用户创造价值，利他才能利己

一个真正意义上的KOL，有时说一句话抵得过品牌运营者的100句话。KOL在自己的领域里有一定的影响力、号召力和公信力。这类账号既可以是二次元的卡通形象，也可以是三次元的立体人物，总之就是某一垂直领域里的"专家"。

如果是我培养一名KOL，那么我会用以下三个标准来衡量，先判定他是否有成为KOL的基本资质：

◆ 对某一领域有极高的兴趣、天赋。

◆ 拥有领域里丰富的专业知识。

◆ 能够稳定产出有见地的内容。

接下来，我会教他如何成为一名"有用"的KOL，也就是产出对用户有价值的内容。

1. 找到自己真正热爱的领域

有些薯宝宝会说，我从小就是学霸级的人物，但在做KOL这件事情上，我并不提倡你成为学霸。你不需要每天花大量的时间来学习而没有了自己的生活特色，不要为了进入某个领域而拼命学习，先发现你真正热爱的领域再去努力。

我大学时期有一个室友非常喜欢画画，平时没事她就拿着画笔坐在操场上画。令人惋惜的是，大学毕业后她并没有继续画画，而是在父母的安排下进入了人人羡慕的金融领域。前段时间同学聚会，她还说自己实在对金融的工作不擅长，尽管每天不停地努力，业绩依然被同事拉开一大截，为此还引起领导的不满。

"勤能补拙"这个词没错,但并不适合所有人。对有些人来说,出人头地很难。

所以,在成为KOL这件事情上,并没有人逼迫你,而是你自己的选择。既然如此,为什么不在一开始就选择一个自己热爱的领域呢?

2. 有灵魂的内核

现在很多的企业号都拥有专业运营和编辑,坐拥最优的资源,依然不温不火。为什么?因为只有KOL的外在而没有"灵魂"。

所以,我们一起穿越回KOL最原始的形态,细细体会一下到底什么是有灵魂的内核。

小时候,我们家那个社区里有三位到现在都还很火的"名人"。

一位是我们楼下的媒婆赵奶奶,赵奶奶是个乐于八卦的人,退休之后当起了媒婆。我们社区方圆几里谁家的孩子多大了、身高长相如何、喜欢什么类型的另一半,她心里很清楚。在赵奶奶的牵线下,成功配了好几对小夫妻。后来,谁家孩子再想找对象,很多家里老人首先就去问问赵奶奶,这活脱脱是一个情感界的KOL啊!

另一位是小区街道对面的老中医李爷爷,行医好几十年,专治各种疑难杂症,医术高超。方圆几里,甚至还有更远的居民身体有什么异样,都会千里迢迢来找他医治。有一年流感盛行,李爷爷随口说了句喝水泡橘子皮能预防感冒,结果整个社区的爷爷奶奶们就开始整天端着杯泡了橘子皮的水,毫无疑问,这就是健康界的KOL。

还有一个是我们临街米皮店店主薛姨,薛姨做的米皮实在太好吃了,在社区里越来越火。很多顾客问她为什么米皮能做得这么好吃,薛姨是个爽快人,竟然把米皮的制作方法和盘托出。可是没过多久,大家又回来吃薛姨做的米皮了。因为虽然知道了方法,但每个人做出来的口味都不一样,就是做不出薛姨做的口味来。口口相传,就这样薛姨成了一个米皮界的KOL。

后来薛姨把米皮做成了品牌还开了连锁店,她的招牌上写着:薛姨米皮,只会做米皮的薛姨——这就是有灵魂的内核。

3. 不随波逐流,敢于发声

既然是叫"关键意见领袖",这说明你跟普通网红的价值是不一样的,你的真正价值在于为用户创造价值。

◆ Key——"关键"价值

一定要在最关键的时刻站出来,尤其是领域内的时间节点,比如发生了重大行业事件和行业形势迎来转折的时候,这时你一定要勇敢站出来,至少说明身处这个领域的你在关注这个事情。

◆ Opinion——"意见"价值

在关键问题上,你站出来以后还要给予有价值的意见,表明自己思考后的观点和立场,不能因为怕得罪用户而不敢发声或者干脆随波逐流,放弃了自己的态度。

◆ Leader——"领袖"价值

领袖的价值在于你永远不是一个人在自娱自乐,你不只是一个传声筒,更是一个扩音器,你要为挺你的粉丝发声,你说的每一个观点都要思考清楚,你代表的是身后粉丝用户群体的声音。

总之,想成为一位KOL,不仅要有学识,也要有个性,也就是我们所说的内外兼修。最终你的三观、性格、关注点会与你融为一体,成为你KOL账号的"灵魂",而跟你灵魂契合的用户自然会"粉"上你。

爆红笔记

如何内外兼修创造价值?

a. "三部曲"走起来。

b. 说得容易做起来难,坚持就是胜利。

KOL 养成第三步：多一份热爱，注一片匠心

有人说：自己每天都能保持日更量，产出得多但回报很少。我随手关注了她的小红书账号，笔记写得非常频繁，最长的间隔也不超过 3 天。据我所知，她的工作并不轻松，平时都是很繁忙的状态，竟然还能保持这样高的产量，真的是非常努力的薯宝宝了。只是仔细一看便知，她一味追求数量导致单篇文章的质量较低，内容缺乏真正有用的点，难以引起共鸣。

从上一节我举的赵奶奶、李爷爷、薛姨的例子中可以看到，每个人都在深耕自己擅长的领域。可以说，他们不惜花费一生的心血只专注做好这一件事，这也是我们现代人都在提倡的"匠心主义"。

◎ 少了匠心注入，"小红书达人"能红多久？

2019 年 4 月，度小满金融（原"百度金融"）和清研智库联合南京大学紫金传媒研究院发布了《2019 年两栖青年金融需求调查研究》。

报告显示，中国"两栖青年"群体规模已超过 8000 万人。

其中，小红书达人、专业夸手、数字化管理师等专业度更高、更具时代特征的新兴职业正在崛起。

"两栖青年"都有自己的主业，同时又兼职其他副业，他们的主业可能是一份固定工作，也可能是一个小生意，而副业可能是一份普通的兼职，抑或是正在进行创业，总之是"身兼数职"。

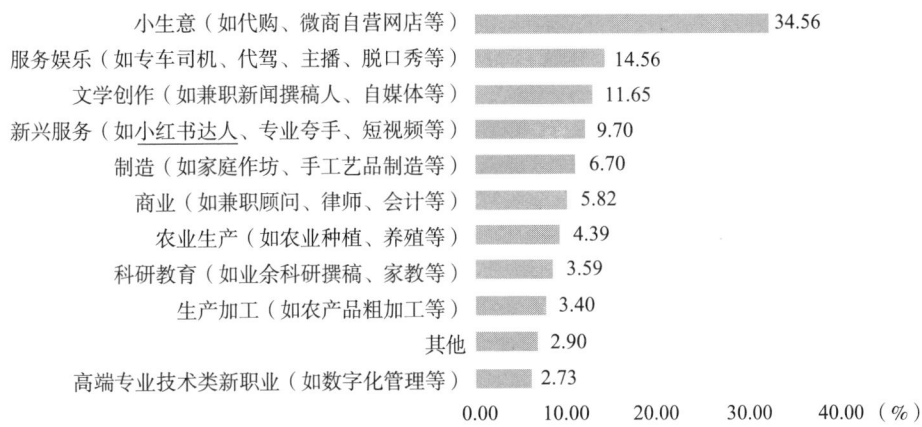

图 7-6 "两栖青年"副业分布图

对大部分小红书上的"两栖青年"而言,分享,是一种发自内心的爱好,而不只是单纯为了利益。例如,我签约的一名代言妈妈是一位3岁孩子的宝妈。在小红书上,她陆续分享了几十套儿童绘本,最初她只是想用这种方式来记录陪孩子读绘本的美好瞬间,没想到的是,她受到了很多妈妈的点赞和关注,很多人希望自己的宝宝也能一起学习阅读。于是,这位宝妈开始深耕内容,撰写笔记,手把手指导新手妈妈为孩子挑选绘本、如何伴读等。尽管她每天朝九晚五地上班,但每天晚上7~8点,成了她雷打不动的分享时间。

都知道现在"小红书达人"吃香,但若是没有匠心的注入,再诱人的"香饽饽"也会随着香气的散发最后变得淡而无味。

注重质量,深耕你所在的领域,时刻记得用户关注你是为了学到自己所需的有价值的内容,而不是为了茶余饭后的消遣。你坚持的匠心主义会使你在同质化的竞争中产生独特的差异化并脱颖而出。

那么如何践行匠心主义呢?

1. 精雕细琢、精益求精

如果你想好某个文章的主题后,自己对于有些问题还有些模糊,就先去跟自己死磕,学习总结,查资料,精进以后再写。如果你花费十几个小时学习到的知识,能让读者分分钟就能理解,这就是你的硬核本事。

任何内容的火爆都有引爆焦点的原因,多方位思考,不断设计与打磨,形成你自己的风格。

2. 坚持分享美好的事物,传递正能量

无数薯宝宝们自学剪辑、修图,做文案创意,只为了把美好的事物传递给更多人。

我相信,大部分薯宝宝每一篇分享的笔记背后,都是他们的一份热爱和一片匠心。

3. 帮用户"种草",为品牌背书

在小红书上,KOL可以利用话语权直接实现销售转化。

今天,一个拥有庞大粉丝群体的小红书KOL,往往可以帮助一个新的品牌实现快速传播并打开销售局面。作为KOL,更应该利用自己的话语权,着力于提升用户的好感和黏性,同时促进营销创新,最后是拉动品牌价值。

KOL通过产品试用分享心得、传播经验,帮用户"种草",再利用粉丝效应实现病毒式扩散,加强营销效果。KOL帮助品牌获得精准流量、海量曝光和良好口碑,爆款明星产品就是这样打造出来的。

> **爆红笔记**
>
> 为什么"小红书达人"要有工匠之心?
> a. 好内容都不一定有人看,何况是烂内容了。
> b. 工匠精神是一种态度。

第八章
全渠道联动引流：品牌商与消费者高效链接

小红书上热门到底有多难

学会了定位、发布笔记的技巧，也掌握了如何优化排名、怎样高效运营，已经"万事俱备，只欠东风"，这个"东风"就是一股能够把你送上热门的力量，也是我们要学习的最后一个关键步骤——引流。薯宝宝们学了这么多，不就是为了有一天能上头条，成为下一个"小红书达人"吗？

可是，我不得不为各位薯宝宝们揭秘这样一个残酷的现实——想引流、想上热门，方向不对，努力白费。你是否有这种烦恼——辛辛苦苦写了几十篇小红书笔记，很想把产品的各种优势介绍给万千网友，但是笔记发出来不是马上排在最后面就是立刻石沉大海。最后的用户触达率很低，根本没有几个用户能看到你发布的笔记，写得再好也无人欣赏。

你有没有想过，很可能不是你写得不够好，而是因为没有找对方向，不知道怎样引流。正如小红书找到了适合自己的方向，才会吸引包括范冰冰、蔡徐坤、林允在内的近千位明星入驻社区分享日常生活。

尽管小红书被大众所熟知，更多的是因为有范冰冰、张雨绮、林允等明星纷纷入驻平台。但作为平台运营方，小红书最重视的依然是平台上的普通用户。小红书需要精心维护的则是UGC内容这座"金矿"。但也正因为普通用户这个属性，我们不可能像那些自带粉丝的明星一样，一入驻就引来大批粉丝关注围观。

◎ 围绕引流的源头，做好准备工作

尽管我们最后学习引流，但它从来都是属于开头。

你的手上有再好的笔记，若是没有流量，写再多、再好都是白搭。

如果薯宝宝们能引流开好头，相当于已经成功了80%。

现在薯宝宝们的普遍难题是：渠道少、流量小、获客难、成本高。

热门再难上，薯宝宝们也要力争上游。

我们先来了解一下小红书的算法。小红书操作更侧重于团队操作，个人是没法批量放大的。小红书的算法其实跟抖音、今日头条差不多，也是根据你个人的喜好内容进行推送。

例如，当你第一次登录小红书时，都会去搜索框搜索自己想看到的内容。如搜索"代言妈妈"，一两天后，你搜索的内容就会被小红书记录下来。接着，小红书就会根据这些记录，大量地推送给你关于"代言妈妈"的内容。将来如果有人写关于这方面的文章，小红书也会推送给你。不同形式的笔记、种草商品就是这样获得曝光和流量，进而产生销售转化的。说到底，谁能引来更多的精准流量，谁就有更多更好的变现机会。

如何吸引精准流量？具体方法我将在后面小节详细阐述。首先我们可以围绕以下三个关键点（引流的源头）做好准备工作。

1. 明星推荐

这种方法主要适用于品牌商或者是企业号，利用明星效应自带的热度，带动整个话题，最后达到优化排名的目的。

2. KOL达人效应

利用KOL的达人效应，但同样不能忽略本身的产品。例如产品最好定期参加各种测试，这样才能更好地达到种草效果。

KOL达人撰写种草笔记，小红书系统会根据算法自动匹配相关话题或

关注匹配的用户,这样才能实现更大的引流。

3. 小红书素人笔记分享

除了达人笔记,其实素人的分享同样能霸屏关键词、增加曝光,起到引流的作用。尤其是品牌营销的前期,素人的作用远远大于KOL达人的作用,前期工作做好了,后期就可以结合达人种草,起到引流的作用。

记住,千万不要盲目地去刷"僵尸粉",小红书的后台比较容易监测到,避免被封号。

爆红笔记

小红书上热门有多难?

a. 这么说吧,比汪峰上头条还难。

b. 做好准备工作,再难也要往上爬。

引流第一步：不刷一个粉丝或评论也能坐享流量红利

一个残酷的事实是，小红书上"种草"的流量依然在，只是，很多用户在没找到流量之前就遇到了几个"硬伤"：

- 发表过几篇小红书笔记，点赞、关注的人寥寥无几，更别提流量、转化率了。
- 投过几个KOL，价格不算贵，但是转化率却不尽如人意，难道粉丝都是刷的吗？
- 做营销还没收到成效，一不小心却被官方判定为广告而受到平台惩罚，这运营也太难了吧？

……

所以，小红书到底还能不能帮品牌带货？这块"种草"的田地到底有没有流量可挖？这样的平台到底值不值得运营？

◎ 不刷一个粉丝或评论，也能坐享流量红利

首先，我们必须认识到，为什么一定是在小红书平台"种草"？它的核心优势是什么？否则，你大可以离开这里，去选择更优质的平台。

大部分人选择小红书平台是出于它的数据情况（以下是截至发稿前的数据）：

截至2019年5月，小红书注册用户量已超过2.5亿。

2019年上半年比2018年社区活跃度增长5.4倍，每天有将近30亿次

笔记曝光，UGC曝光量占比70%。

性别分布上，女性占绝大多数，男性用户仅占12.76%。可见"种草"这件事女性稳稳地站住了脚。

年龄分布上，24岁以下的用户占40%左右，24~30岁的用户占约30%，30岁以下用户占近70%，年轻人正是"种草"的主要人群。

UGC曝光占比70%意味着什么？

意味着在小红书上分享内容的大部分是普通用户。

经历了6年的蜕变，小红书已经从购物分享平台转变为普通用户分享生活方式的平台。这又意味着什么？

意味着小红书始终相信普通人的力量，通过把普通用户的真实使用体验和评价转化为产品的参数，转化为流量，从而帮助用户做出更高效的消费决策。

小红书的核心优势在于，它是一个用户通过在社区的高频分享、互动，发现好物、创造消费流行趋势的平台，让品牌通过口碑迅速累积用户量。

接下来，我们了解一下小红书引流的三大特点。

1. 超低的流量成本

流量成本有多低？

没有对比就没有伤害。

为了确保分析的准确性，我曾亲自在小红书建立了一个零基础的账号来验证成本的多少。

如果品牌要投放给微信KOL大号做广告引流，目前的报价和转化率大致是：

KOL的头条报价是粉丝数的1/10，例如，一个大号有50万的粉丝，推送头条的广告价格约为5万元，阅读量一般是在3%~5%之间；优质的大号，阅读量能达到10%以上，这是少数情况。如果我们按照5%来算，那么除去特殊爆款，单个用户的平均曝光成本就是2元。

那小红书做广告引流的成本是多少？

几年前的一天，我在小红书上创建账号，撰写首篇笔记，分享自己日本之旅的护肤经验，账号建立的一个月左右我陆陆续续发了 5 篇笔记（作为新手测试，通常是业余时间发的，当时写的质量还不是很高）。

建立账号，发表 5 篇笔记后的一个多月我收获了什么呢？

首先是收获了真实的活跃粉丝数 3000 左右，获赞与收藏量在 5000 左右，收获私信约为 400 条。

全程没有刷过一个粉丝，一个点赞或者收藏。

对一个全新的、零基础的账号来说，收获的精准流量效果是非常惊人的。

我的粉丝数量、获赞与收藏量一直在增长，图 8-1 所示数据为发稿前的数据。

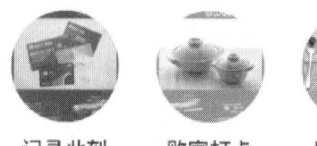

图 8-1 我的小红书账号截图

笔记的数据情况如图 8-2 所示。

图 8-2　我的笔记截图

可以看到，一个从零做起的账号，短时间内就获得了相当可观数量的点赞、收藏与评论数，并且该账号的流量池还在不断扩大，最终定格的 15 万粉丝量，私信咨询里 90% 的内容都是关于请求加微信或者针对笔记内容进一步询问产品。这样的效果对应到微信 KOL 投放的曝光数，整个广告下来差不多要花三四十万元。

而我建立并运营这个账号没有花过一分钱，甚至我没有太多精力和时间来悉心运营，我撰写每篇笔记的时间不超过 1 小时，但内容肯定是优质的。这说明优质的原创内容在小红书上是有很大的曝光概率的，并且收获的都是真实有效的数据，与用户的互动频率非常高，这还不算我删除的一些价值不高的评论。

2. 小红书的推荐流量是"中心化分发"模式

在小红书首页，一共有三个标签——"关注""发现"和"附近"。

"关注"——即用户主动点击关注的账号内容，这一部分以类似朋友圈"信息流"的形式展现。

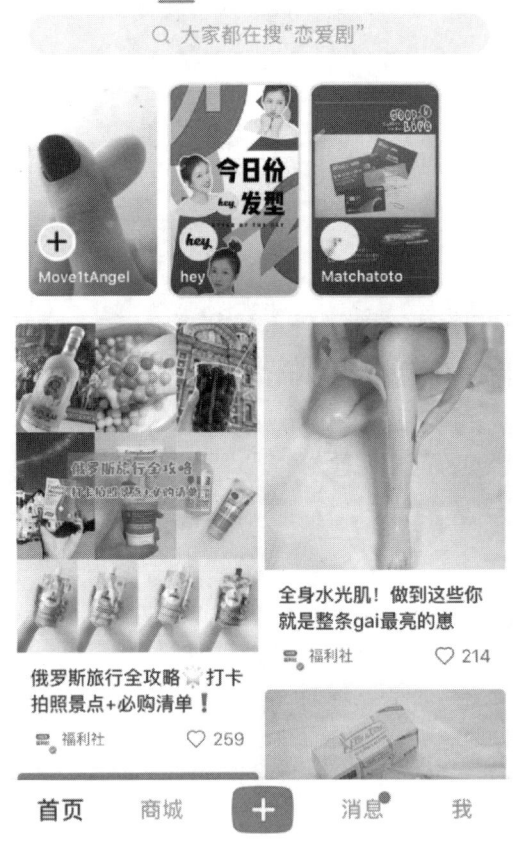

图 8-3　小红书首页"关注"截图

"发现"是小红书根据用户关注的常见标签，主动推送的优质内容，比如护肤、彩妆、塑形、宠物等，这部分以"瀑布流"形式呈现。

图8-4 小红书首页"发现"截图

"附近",顾名思义,基于附近位置的内容信息列表。

在这三个部分中,"关注"和"发现"是最重要的内容曝光渠道。小红书用户要么做优质内容,获得平台推荐流量;要么就努力吸粉,成为KOL,这里的后者也是前者的结果。小红书的流量推荐机制是:笔记生产出来以后,平台会根据用户设置的标签将笔记推荐给可能感兴趣的用户,再根据这些用户的点赞、收藏、评论、转发情况,决定要不要继续推荐扩大该笔记的流量池,给予更多曝光的机会。换句话说,就算在没有任何粉丝数量支撑的前提下,我们也可以通过发优质笔记获得平台推荐引流,把

图 8-5 小红书首页"附近"截图

握住积累的过程,流量和影响力就会像滚雪球一样越来越大。

这种模式与微信生态的粉丝获取形式截然不同,微信是典型的去中心化流量分发平台,内容曝光主要是基于存量粉丝和社交推荐。时间久了,就会形成一个尴尬的局面——80%的流量都集中在20%的KOL账号上,新号想要突出重围,恐怕得有中头奖彩票的好运气。

3. 优质内容可以获得长期长尾流量

如果说微信公众号等其他内容平台的流量转瞬即逝，那么小红书平台若运营得好，流量就是长期源源不断的。

微信公众号里的内容，尽管短时间内可以通过社交裂变传播获得大量曝光，但是很快就又会被新的热点所覆盖，流量就像坐过山车一样起伏不定，今天还在上升，明天就可能下跌。

但小红书上的笔记却可以不断被推荐和搜索。别忘了，小红书上的笔记是基于社群电商的定位，无时无刻都有数百万用户正试图从小红书上搜索到自己想要了解的笔记和话题，这些用户都是带着明确的目的而来的。

我从发出第一篇笔记至今，每天都能看到内容的曝光量随着时间的推移不断增加，阅读量和粉丝数在稳定攀升。这正是一个平台给优质内容创作者最佳的奖赏，这就意味着营销内容有机会获得更多甚至是永久流量。

总之，小红书平台的流量机会永远都有，但它只开放给那些费尽心思、踏踏实实生产优质内容的创作者，所以"种草"引流肯定是一件有门槛的事，不是每个普通人种了一棵树就坐等乘凉就可以。

爆 红 笔 记

不刷粉怎么获得流量？

a. 刷粉？你家里有矿啊？

b. 创建自己的内容矩阵。

c. 凭本事红的为什么要刷粉（心好累）……

引流第二步：4种方法提升内容推荐打开率

想要吸引用户来关注你的笔记，首先要提升你的内容推荐打开率，也就是在你把一篇笔记发布出来之后，如何才能让平台的过客有停留驻足、想要点开你的笔记进一步浏览下去的冲动。

引流本身是一个作者与用户建立信任的过程，一篇笔记能聚集很多流量，正是因为你的笔记专注好物分享的内容和用户对内容的信任，这样才会吸引越来越多的小红薯迷。

提升内容推荐打开率一般有4种方法：

1. 包装一个完整的人设

"打造人设和标签"是我们前面学习的内容。为什么要包装你的人设呢？因为小红书对于平台上各类广告都很抵制，你是没有办法"光明正大"地在平台做广告的。那么让品牌商如何找到你呢？这就需要薯宝宝们在注册时就对自己做一个包装，比如给自己设定一个人格标签，通过输出内容再进一步强化这个人格标签，加深用户对你的印象，也便于合作的品牌商找到你。

2. 注意笔记发布的频率

在前面我们已经学习了发布笔记的技巧。薯宝宝要注意的是每天坚持1~2次的发文频率就可以，保证笔记品质的前提下，发文越多，涨粉自然越多。

3. 账号的日常养号和互动

对于新运营的账号，小红书平台会有一个观察期。所以，注册小红书账号以后不要急于发布大量没有营养甚至是有广告嫌疑的内容。如果一开始就被平台识别为垃圾的营销类信息，那这样的账号就没有继续运营的价值了。所以，薯宝宝们千万不要忘记账号的日常维护，例如浏览、评论与你风格相似的笔记，与其他博主进行互动，等等。

4. 巧妙地留下"广告"，高效引流

小红书引流最大的禁忌就是：笔记里面绝不允许出现你的联系方式，这一点前面我也已经讲到。再次提醒各位薯宝宝们，尤其是微信和公众号等联系方式。不要质疑平台对关键词的检测系统，一旦被抓住，会直接被禁言甚至永久封号。

如果想要将人群引流到你的其他私人账号中，只能是在个人签名里用谐音字。注意在填写个人资料时也要注意话术，不能仅仅留下广告信息或者有广告痕迹，而是要使用引导式的话术，给他人一个关注你的理由。另外，就是等别人私聊我们时直接回复微信号。

相对于其他同类平台，小红书规则比较严格。正因如此，小红书平台上的粉丝也比其他平台的更精准，变现价值更高，尤其适合做微商、代购、淘客等项目。

如果薯宝宝们刚运营小红书不久，对于引流没有太多经验，那我建议熟悉掌握一种引流方法足以。走马观花式地学习、浅尝辄止地尝试只会令你更加摸不着头脑。当你真正研究透一种引流方法之后，你会发现核心思维是不变的，不同的只是工具和方法而已。

爆红笔记

如何提升小红书笔记的打开率？

a. 包装。

b. 原创（说了多少遍了……）。

c. 养号互动。

d. 高效引流。

引流第三步：拉新、促活、留存，有效提高转化

小红书平台的用户在达到了一个量级之后，它所做的推广就不再局限于传统的线上和线下模式。2018年，最成功的一次推广莫过于小红书分别在两档最火的综艺节目《创造101》和《偶像练习生》中投放了媒体广告，包括口播、中插、后期字幕等，让广大用户全面认识了"小红书"。其实，小红书一早就瞄准了女团节目，毕竟小红书的核心用户群也是年轻的女性用户，这与女团节目中的选手风格是非常契合的。

小红书创始人瞿芳接受媒体采访时就表示，在综艺节目做内容推广，这是团队早就谋划好的推广策略。

艾瑞咨询的数据统计显示，自2018年1月19日《偶像练习生》开播以来，小红书的月独立设备数环比增幅，1月达到了4%，2月跃升至20.9%，3月随着比赛环节越发激烈，增幅更是达到38.4%，引流效果堪称强大。

作为平台上的用户，我们享受着平台给我们的资源，同时，我们要在自己有限的资源里，通过拉新、促活、留存来提高转化率。

1. 拉新

顾名思义，拉新就是要拉来新用户，最直观的就是新增用户数。有了新用户才能带来新的用户价值。

拉新本身具有导向性，而这个过程中就会产生转化，所以拉新的核心是提升转化率，降低用户获取的成本。

拉新的几种常见方法：

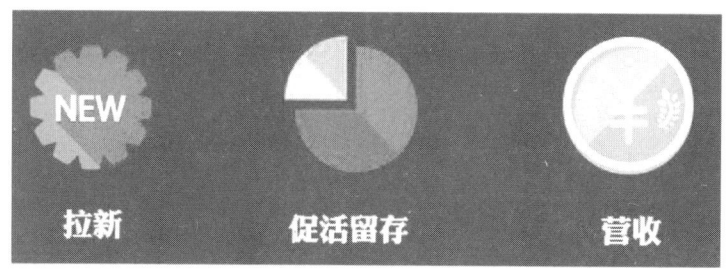

图 8-6 引流的三大目标

◆ 活动营销

策划活动，设计有趣的内容、参与方式、激励方式，来吸引新用户。

◆ 口碑传播

设计一个可能会被广泛传播的点，然后产生大量的口碑传播，吸引用户。

◆ SEO

通过优化让用户在搜索关键词时，你的内容排到更靠前的位置。

◆ 互推

和自己用户群重合、用户数接近的平台彼此推荐。

2. 促活

"促活"，也就是用户/产品的活跃度，最直观的指标就是活跃用户数。只有不断迭代，适应新的用户需求，靠近年轻用户喜欢的风格，才能激活更多用户的兴趣。

3. 留存

如果说拉新是开源，留存就是节流。好比一个水池里，拉新是不断往水池里注入新水源，而留存则是控制水从水池中漏出去。所以，如果留存做得不好，拉新、促活就白费。做好这一点的前提是要先找出留存问题：为什么用户会减少，是没有找对需求还是互动体验糟糕？总之，我们要想办法找出问题的症结，并把问题解决掉。

最后是营收,也就是我在下个部分要讲到的变现。无论是小红书平台还是平台上的用户,根本目的并不是做公益,而是为了赚到真金白银。就好比果子成熟了就要采摘,稻子成熟时就要收割,那么同样地,用户积累起来了就要变现。

其实,引流的过程无非就是提供用户感兴趣的东西,让用户看到后去你指定的地方(可以是线下,也可以是线上)。对于小红书上的引流,我们还可以尝试以下三个步骤。

第一步,使用头像壁纸。小红书的用户以女性为主,而女性多是感性的,她们的购买特征之一是,看到可爱、独立、有个性的东西就忍不住被"种草"。如果制作宣传视频不是你的强项,那么,最简单的一种引流方式就是直接用头像壁纸的图片。操作的流程很简单,首先将头像的壁纸当作笔记来发布,类似发朋友圈。

第二步,加入有热度的话题。在发布笔记的时候,你可以选择小红书中比较有热度的话题,直接添加"#话题"。如图8-7所示,输入"#小红书",系统就会按照话题热度的先后顺序自动排列。

注意使用有效引流的话术,例如"××××,就可以免费领取×××"。切记不要违反小红书的规定,因为小红书的审查机制是非常严格的。一个小技巧是,可以将图片做得模糊些,先与用户建立链接,吸引用户关注后,用户会向你领取高清图片。

第三步,锁定用户,坚持引流。在小红书上,除了那些喜欢"种草"的用户,还有两种用户值得锁定。一种是职业买手,他们会在笔记中分享自己的购物心得体会,可以作为参考。另一种是有消费能力但是不知道买什么的用户。我们要多去受欢迎的笔记中和用户互动,在给他人评论时建立沟通的桥梁,同时提高自己的权重。

总之,引流其实不难,很多步骤都是重复性的操作,贵在将一个有效的引流方式持之以恒地做下去,直至看见成效。

Q #小红书	⊗ 取消
#小红书	325万+篇笔记

小红书女孩

小红书直播

小红书限流

小红书自营

小红书文案

小红书怎么赚钱

小红书福利社

小红书怎么涨粉

小红书怎么保存图片

小红书博主

小红书视频怎么保存

小红书怎么保存视频

小红书违规

图 8-7 加入有热度的话题

爆红笔记

如何有效提高转化？

a. 拉新。

b. 促活。

c. 留存。

PART 3 小红书怎么赚
——变现逻辑和未来趋势

"进化能力"是所有优秀企业的共性,从 PDF 购物攻略,到内容社区,再到跨境电商、综合电商……小红书一直都在不断地进化。现在你打开小红书,可能一时间很难再去定义这个平台:首页的信息流推荐好像置身微博;短视频+明星入驻又好像打开了抖音;商城页面又像淘宝……小红书的创始人毛文超曾在媒体面前说过,"未来小红书也许不会再是现在的样子,但它一定会取得成功"。即便只是一句公关说辞,但从中似乎已经看不出小红书的边界了。而这,又意味着什么呢?

第九章
小红书流量变现的商业运作逻辑

好奇、改变、选择——小红书流量变现的3个关键

小红书平台作为内容类电商,流量变现离不开3个关键——好奇、改变和选择。

在寻找流量变现的逻辑之前,我先给大家分享一个关于音响城销售的故事。

二十世纪八九十年代的电脑城、音响城里通常有以下两种常见的销售方式:

第一,销售人员站在店门口,看到有人经过就递上一张传单并问对方:买音响吗?这种销售模式在当时占到99%。销售人员看似比谁都勤奋,结果呢?"传单销售""扑街销售"只换来"守株待兔"。

第二,销售人员用听起来高大上的产品信息吸引客户,说:"这位先生/女士,我们这是进口的德国货,进来试试吧?"

如果顾客进店,店员会询问第一个问题:先生听AV(影音)还是Hifi(高保真)?——店员的目的很明显,是想区分你是发烧友还是想随便听听。随后为你挑选曲目开始播放,如果此时你觉得效果确实不错,那你开始确信:我的确应该换个更好点儿的音响设备了。

最后,对方为了吸引你购买,会主动给你一点价格优惠,但你最后一定会买吗?不一定!这中间可能还取决于其他因素。

所以,销售的过程涉及 3 个关键:

(1) 好奇——引起顾客的兴趣和注意。

(2) 改变——让顾客坚信自己需要这个产品。

(3) 选择——让顾客做出购买决定并支付货款。

回到今天的时代,你有没有发现如今很多电商首页 Banner 的广告栏里推送的相关品牌信息,就好比上述案例中音响店员的"扑街销售",只要你进店,不管你是否真的需要就开始对你营销,影响了你的体验感不说,转化率也很低。

下面我们结合销售过程中的 3 个关键,来看看小红书、天猫种草、大众点评在销售转化过程中都是怎么做的,如表 9-1 所示。

表9-1 小红书、天猫种草、大众点评对比

销售转化过程		好奇	改变	选择
小红书	做法	明星种草、兴趣标签推荐内容,引起用户兴趣带来流量转化	UGC 形成图文式商品介绍、视频以及使用体验分享	种草图片下面是商品链接、折扣信息
	效果	明星效应突出	优质点评内容加上明星加持背书,让本来对商品有一定兴趣的用户产生购买意向	用户可能会有比价心理或产生疑问
天猫种草	做法	依托天猫平台的用户载体,但并未放在首页	UGC 形成图文式商品介绍、视频以及使用体验分享	丰富的活动、打折、秒杀、抢购活动
	效果	虽然淘宝用户量较大,但有价值的评论、种草信息、点赞数并不高	大部分内容不能实现从内容到商品的直接转化	用户量最大的电商平台,活动众多,能有效激活用户的选择

续表

销售转化过程		好奇	改变	选择
大众点评	做法	商圈、店铺信息全面	用户为商家打分、口碑对比，UGC形成商品介绍图文、视频和使用体验	不进行比较，用户消费与电商产品性质不同
	效果	用户量较大，首页种草类分享5W+	商品特性明确，但吃喝玩乐的分享未必能触达用户心理	

通过对比，我们看到小红书做转化的方式是——在引起"好奇"这一环节中，通过明星效应种草、兴趣标签带来了巨大流量，对于后边用户做出"改变"的环节起到了铺垫作用。

天猫虽然凭借淘宝巨大的用户流量，有着较强的电商运营能力，但是在前面两个环节做得却不够彻底。这也是我们在本书开篇讨论的为什么阿里选择领投小红书的问题。因为相比小红书和大众点评，阿里是"强电商、弱内容"。

在市场竞争越来越激烈的背景下，电商追求转化率，好奇、改变、选择这三个环节缺一不可。

在第一步引发好奇阶段，用户此时其实还属于"闲逛"的状态，可以说是没有消费心理或者是兴趣。如果产生了兴趣，这种驱动力会引导用户的行为，就会引发"改变"，这个环节其实是对用户心理的一个过渡——从没兴趣到想购买。

反观现在很多内容电商往往只是在流量端做文章，之所以不易成功，原因就是用户"闲逛"和"购买"的心理需求不同，不能确保都能形成转化。

据我观察，目前市场上只有少数属于感性消费的模式可以跳过引发"改变"这个环节，如游戏市场和粉丝经济。

尽管所有企业都希望用户一直处于感性消费中，但能做到的几乎少见。所以我们在寻求转化、流量变现的过程中，也更应该遵循好奇→改变→选择这个路径来挖掘更多流量变现的可能性。

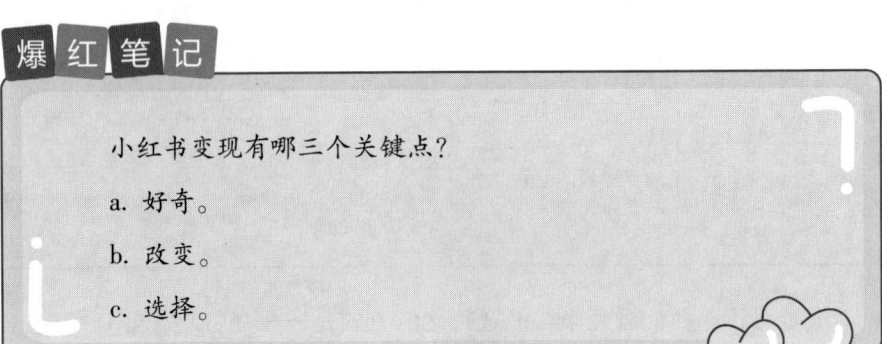

爆红笔记

小红书变现有哪三个关键点？

a. 好奇。

b. 改变。

c. 选择。

打通社区和电商两大业务能力，服务于品牌商

一直以来，互联网的商业化变现模式不外乎四类：会员类、游戏类、广告类、电商类。而对于日活达到亿级的平台来说，恐怕最直接的变现途径就是广告。做广告并不难，但却会不同程度地影响用户的体验。能否结合自己的内容机制、平台机制创造出一种既能服务于品牌商，又不惹用户反感的变现路径，甚至还能提升用户体验，是小红书平台需要进一步探索的事情。

1. 小红书社区电商的探索

2019年2月21日，小红书官方发表了架构调整站内信，共涉及5个方面：

将原社区电商事业部升级为"品牌号"部门；升级"福利社"部门，整合商品采销、仓储物流和客户服务的全流程职能；聚合公司所有业务线的技术团队；设立平台部，整合市场营销、品牌公关、政府事务、合规、行政等职能部门；设立CEO办公室，协助进行公司战略制定及组织重点项目的推进等。

小红书的"组织升级"实则是商业化战略全面展开的组织准备和探索，首次打通社区和电商，升级到了全新的社区+电商+内容的商业生态。小红书之所以在商业化探索上取得一定的突破，与它天然的生长环

境有很大关系。确切地说,小红书上的用户天然地聚焦于消费,小红书社区天生自带"消费基因",而用户也习惯了消费并渴望获取有价值的消费信息。

2. 新"品牌合作人"模式将更好地服务于品牌商

对薯宝宝而言,最常见也最可行的变现方式就是发广告。只是发广告的形式不同,一种是被官方允许的形式,另一种是私下发送。

官方允许的形式,也就是成为品牌合作人。

前文我们讲过小红书对KOL的调整,大量KOL被拒之品牌合作人体系之外。官方的合作形式是:要求通过实名认证后,满足5000+粉丝,以及最近一个月内容笔记平均曝光高于10000,就可以在APP我的页面"申请品牌合作人",申请通过后就可以在电脑端的品牌合作人后台接广告了。这种"发广告"的变现路径是官方允许的行为,并且在后台中已经提前报备,后台系统不会对你的账号进行限流和封杀。

对于私下接广告的形式,薯宝宝要注意了,此类属于平台严厉打击的行为,如果被平台查到,轻则会限流删笔记,重则封号。大家千万不要冒着如此大的风险去接广告。

3. 更多线上线下活动把粉丝用户变成购买力

众所周知,在淘宝、天猫上,每逢重大节假日,尤其是双十一网购节,其成交量就呈现几十甚至上百倍的增长。小红书平台也有属于自己的活动,比如2019年的"小红书6.6周年庆"。活动期间,忙坏了不少品牌合作人,大家都在不遗余力地为用户种草,写类似图9-1这种"省钱攻略"笔记。

淘宝是传统互联网中心化时代的电商平台,平台上的每户商家都希望成为舞台中央被曝光的明星店铺,后来者由于竞争力的差距很难成功"踢馆",甚至还没等开始运营就被轰下台。而小红书平台却不同,在这里你既不用担心有人刷粉、买粉超越你,也不必担心自己没有流量。当你提供给用户有价值的内容,你的粉丝就会慢慢地沉淀、积累起来。这也是为什么我在运营部分一直强调,薯宝宝们的定位一定要精准,内容一定要有原创性和针对性,通过运营能让粉丝成为购买力你就赢了!

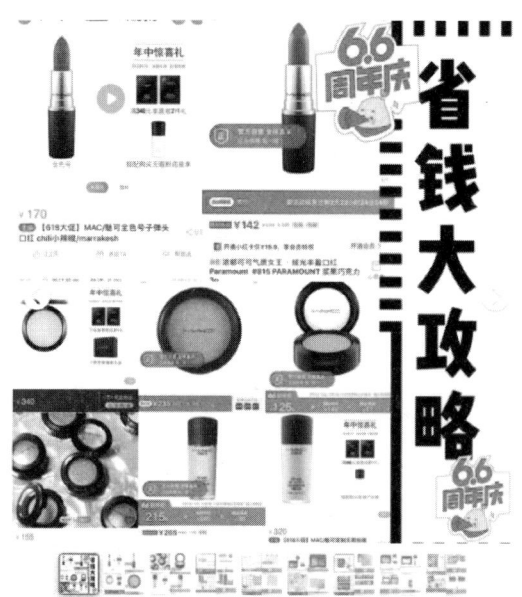

图9-1 小红书的"省钱攻略"笔记

爆红笔记

为什么要打通社区和电商?
a. 更好地服务于品牌商。
b. 更好地留住用户。

找对人、说对话、卖对货，口碑让品牌走得更远

欧莱雅首席用户官 Stephan Wilmet 曾这样形容小红书："在小红书，我们能够直接聆听消费者真实的声音。真实的口碑，是连接品牌和消费者最坚实的纽带。"

的确，在很多品牌商眼里，小红书是他们最看重的"智库"，这是因为在小红书上，用户真实的品牌体验产生了长尾的消费决策影响，让品牌商收获了众多铁粉的同时也传播了口碑。

在小红书平台，除了普通用户之外，还有很多明星和 KOL 也居住在小红书这座虚拟城市里。这些光鲜亮丽的明星、达人们与普通人一样，在城市里分享他们生活的点点滴滴。

或许，通过明星和知名博主的成长案例，我们可以更好地理解未来我们该如何制造口碑，建立用户和品牌之间的情感链接。

第一个例子是林允。

林允在小红书上分享如何卸妆，如何做番茄炒蛋，都是非常真实、逗逼的人设，这也让她收获了超高的人气和点赞、收藏量。她自身成长起来以后，很多品牌商找到她，让更多的普通用户认识了不一样的林允。

第二个例子是 Ritatawang。

两年前 Ritatawang 是英国圣马丁设计学院的设计科学生，那时的她在思考到底要不要回中国。从那时起 Ritatawang 就经常玩小红书，发一发自己的穿搭笔记。

莫名其妙的是，有一天晚上她的小红书账号多了几千个粉丝，再后来，在短短的几个月里她的粉丝量就达到了上百万——这可都是实打实的真实数据流量。

于是，Ritatawang 开始在小红书分享自己点滴的心路历程。此后，Ritatawang 一口气接下很多大牌的合作。见眼前形势大好，一直令她苦恼的问题也有了答案——她选择回国创业，成立了自己的品牌 Ritatawang，今天的她已经成为创业公司的老板。并且，她还和小红书联名出了自己设计的品牌服装，甚至还登上了纽约时代广场的大屏幕。

第三个例子是"钟薛高"。

钟薛高是一个民营品牌，做口感纯正、低脂瓦片型的雪糕。

钟薛高当时选择的宣传平台就是小红书，通过小红书的博主和用户推送，粉丝用户持续发酵。最后，钟薛高这个品牌实现从 0 到 80 万的突破只用了 1 个月的时间。

对于薯宝宝来说，如何建立用户和品牌之间的情感链接？九个字就可以概括出来——"找对人，说对话，卖对货"。

今天是一个人人信息平等的年代，当你找到对的人以后，如果不能说一些让对方记住你的话，那么你们建立起来的关系也就没有了下文。我的建议是，口碑效应主要是通过口口相传来实现传播的，想让用户记住，不妨让用户自己来述说品牌，也就是让用户成为 KOL，成为品牌博主，这时口碑又重新回来了。

现在已经不再适合单方面喊口号的模式了。如果你是用户，那就去找你的粉丝、你的品牌商。如果你是品牌商，就去找你的用户，你的 KOL，让他们替你说话，不用自己砸钱，一样能让广告更加精准。

很多薯宝宝问我，既然写出优质的笔记、做好运营这么难，那小红书究竟是让营销变得越来越容易还是变得越来越难了呢？

其实，薯宝宝们大可不必纠结于这个问题。

小红书是一个虚拟的城市，就是因为城市里聚集了很多人，人们生活在同一个社区里，相互聊天讲话，慢慢有了最初的交易。平台运营和个人变现也是一样，都是要先有城也就是小红书社区，然后才有电商和销售市场。我们必须意识到，在这个巨大的交易市场中，有效的口碑传播效果不比烧钱做广告差。时代在变，商业模式也在不断进化，我们要做的就是和小红书平台一起去改变传统的广告形式、运营模式，让城市里的人都更加容易找到彼此，那么这座城市的未来也会因为这样的生命力而产生更大的爆发力。

爆红笔记

小红书口碑营销的3个关键是什么？

a. 找对人。

b. 说对话。

c. 卖对货。

做有价值的生活方式分享直播

一直在坚持运营小红书的薯宝宝们,一定知道最近的小红书也开始增加直播功能了。

近两年,作为内容电商的"当红炸子鸡"——直播电商凭借出色的带货能力越来越受品牌商们的喜爱,而这刚好与小红书的内容平台属性不谋而合。

2019年6月7日晚,小红书已在内测版本中定向邀请部分达人参与体验,开放了直播功能。截至发稿前,直播功能仍在测试期。很多人不解,社区电商做得好好的,怎么又要做起直播来了?

1. 直播是变现的"桥梁"

2018年,以淘宝直播为代表的直播电商异军突起。淘宝直播打破了传统的消费者与商家之间的买卖关系,建立了博主、商家、消费者三者间的商业闭环,同时为消费者带来了线下购物式的极致体验。

《2019年淘宝直播生态发展趋势报告》显示,2018年度淘宝直播平台的带货超过1000亿元,同比增速近400%。在2018年双十一期间,主播薇娅的全天直播间销售额超过3亿元。

在这样的闭环中,直播博主的职责是为用户展示商品,提供购买建议,在互动中形成一站式服务,让屏幕前的消费者有"身临其境"的购物场景和体验。再通过主播和用户的互动达成交易,这样的一站式体验也形成了较好的用户黏性。更多无法到达现场却又渴望消费的用户愿意为主播"买单"。

因此，直播作为变现的"桥梁"，抖音、快手等短视频平台纷纷入局电商。例如，抖音于2018年2月开始招募主播，5月又上线了店铺入口。收看抖音直播的用户可以直接跳转到抖音达人的个人店铺，12月11日，在双十二到来的前一天抖音继续上线了购物车功能，并在双十二当天赢得了120万个订单，排名前50名的抖音账号成交额超过1亿元。

快手与抖音同样以短视频起家，但在直播领域快手走得更远，电商收入则与抖音的广告收入大致相当。2018年度快手的直播收入约为200亿元。

2. 直播是离钱最近的流量

小红书内部负责人称，小红书直播的核心内容依旧是"生活方式分享"，并为用户提供有价值的互动，暂时并不打算做成商业变现的直接平台。

既然小红书直播的目的是分享和互动，很明显小红书是希望把直播打造成流量入口，获取新客，从而提高平台的用户黏性和使用时长。这看上去更接近淘宝的内容化战略。

◎ 做有价值的生活方式分享直播

在内测期间，小红书的直播间功能较为简单，除了视频信号，直播间只能看到个人信息、点赞数、观众列表、双击点赞、留言互动、提示信息这6项基本信息，并未像其他直播平台一样上线打赏和购物车的功能。

直播结束后，主播和粉丝可以浏览到整场的直播数据，包括播出时长、观看人数和点赞数。直播链接还可以分享至微信，用户点击后可跳转到小红书APP观看直播。测试的版本中，这种方式跳转用户暂时还无法使用留言功能与主播进行互动。

内测期的小红书直播仅向部分用户开放，且功能处于相对简单的状态，但此举一定是在为以后的直播商业化做准备。

关于直播，当时小红书官方给出的介绍是：

"小红书直播"是小红书面向内容创作者/小红书博主推出的实时深度互动工具，目的是让用户在看到有价值的生活方式类信息的同时，能够和博主进行面对面、实时、连续的深度互动。

根据小红书的官方介绍来解读，直播是小红书"继续为社区用户创造价值所提供的一种方式"。与电商直播不同的是，小红书直播更多地依然定位于生活方式的分享直播。概括成一句话就是要做"有价值"的直播。

虽然小红书的直播功能尚未正式上线，但我相信不久后的某天，小红书就会启动直播。为此，我提前为各位薯宝宝们讲解一些直播入门方面的知识点。

1. 主播的基本素养

◆ 分析

根据计划完成情况，制订新的计划。

◆ 用心

记录用户信息，挖掘用户需求。

◆ 主动

主动学习并为用户唱歌。

◆ 生活

养成固定直播的习惯，巩固玩家。

◆ 形象

设计好视频背景和视频效果，直播前化好妆，不说脏话。

◆ 自信

保持微笑，提升气质。不弯腰驼背、垂头丧气。

◆ 坚持

忌三天打鱼两天晒网。坚持每天分不同时段直播。

◆ 感恩

无论新人主播流量如何，都要感谢用户收看。

◆ 沟通

不管用户有没有礼赠，都要积极回答对方的问题。

◆ 互动

专心直播并与用户形成良性互动。

2. 直播间互动

◆ 直播前准备

提前准备好小故事、笑话，避免直播时冷场、无话可说。

◆ 粉丝维护

建立自己的粉丝群，也可以制作简单的小礼物维系关系。

◆ 寻找共鸣

寻找与用户的共同话题，而不是自说自话。

3. 注意事项

◆ 直播服饰

浅色系为主，禁忌黑色、灰色等颜色压抑的服饰。

◆ 歌曲选择

欢快 DJ 曲目为主，也可以是热门音乐，适当放些经典老歌衬托气氛也是好的。

◆ 心态调节

流量多了不要得意，流量少了不要气馁。

◆ 传递正能量

避免在自己心情不佳时直播，不向用户传递消极情绪，毕竟用户看直播通常是为了放松心情。

◆ 注意言行

说普通话，不要辱骂用户。即使遭遇用户辱骂，可以禁言或踢走或者举报，不可动气回骂。

◆ 直播时段

避开知名大主播直播时段。

◆ 镜头距离

调整摄像头和自己的距离,画面、画风要和谐。

◆ 控制情绪

无论用户是停留还是离开,保持平常心。

◆ 避免"打劫"

不要跟不熟悉的用户伸手"打劫",试着先与用户做朋友,熟悉以后自然会有人愿意为你刷礼物。

坐拥大量KOL、达人的小红书,至于此后的直播将如何变现,无论是打赏还是电商,都是小红书商业化水到渠成的路径。

爆红笔记

为什么小红书也要做视频直播?

a. 直播是离钱最近的流量。

b. 直播是变现的"桥梁"。

第十章
小红书的未来发展趋势

陪伴一代人,推动他们生活方式的改变

2018—2019年,小红书完成了一件非常重要的事情——明确了未来的使命:"陪伴一代人,推动他们生活方式的改变。"这也是小红书未来发展过程中非常清晰的一个战略。

小红书跑得再快也不能丢了"温度"

短短几年间,小红书一直在寻求自我转型与突破,过程也不是一帆风顺的。然而,作为社区电商的核心力量,小红书有一个非常有创造力的内容团队。他们花了很大功夫运营社区。例如,早期社区经常会出现好几千字的笔记,当然用户可能是出于对小红书的喜爱,但是内容太长会导致有价值的可用信息太少,降低移动端用户的体验感。内容团队意识到这不是一个好的发展趋势,于是及时对字数要求做了调整。

另外,从社区到电商的弯道超车也颇多阻碍。对于团队而言,最大的挑战是做内容运营的人大多没有做电商的经验。尽管也曾尝试从其他优秀的电商平台挖人,但却发现运营电商和运营内容的成员在价值观上未必那么一致。比如电商运营更多的是讲求快速、效率。运营者通过快速学习借鉴他人经验,在短短几个月内就能建立起仓储物流、海外采购、客服等,团队从几十人迅速扩张到100人,但小红书不是。

1. 快速奔跑，不忘初心

在顺利完成 B 轮融资之后，"快公司"小红书依旧没有停下脚步。

面对未来的竞争格局，创始人毛文超却显得格外轻松："除了市场，还是要看模式和团队。"按照毛文超的说法，小红书下一步的方向，除了进一步完善个性商品推荐、供应链，还要利用社区电商的天然优势进一步优化数据。据统计，目前用户平均每个月打开小红书 APP 超过 50 次以上，使用时间高达 130 分钟以上。在未来，小红书希望即便用户不知道要什么的时候，小红书也能把用户可能喜欢和可能需要的内容呈现到用户面前。

只是，当小红书迅速奔跑的时候，社区依然不能丢了本该有的"温度"。有一个小细节是，在每个小红书的包裹中都有一个"走心"的标配：一张贴纸、一枚胸针和一封来自初创团队的信，分享小红书一路走来的心路历程，像是给用户的一个交代，更是对自己未来发展的一个提醒。

正如毛文超在自己的那封信里写道：世界那么大，我想带你去看看。

2. "国潮青年"正当红，小红书正在向世界展示"中国质造"的魅力

2019 年上半年，小红书发布了一组国货种草数据——小红书平台关于国货的笔记数量同比上年增长 116%；超过 500 万用户，在小红书种草和讨论国货。

为什么小红书上突然刮起了国货之风呢？

首先，小红书深刻认识到，作为生活方式社区，小红书是年轻人生活方式和消费趋势的"晴雨表"。小红书有责任向年轻人传递更多正能量的"工匠精神"。

其次，在各种洋货侵占中国市场的今天，很多同样有质量保证的国货却被打入冷宫。所以，从践行社会责任这个角度，小红书开始解码"新国潮"。越来越多的国货，正在成为小红书上的当红潮牌。小红书上"国潮青年"的主力为 90 后和 95 后，占比 61%。这些新国货的消费主力，被称为"国潮青年"。这也印证了国货若是有了工匠精神，同样会

被年轻人认可。小红书这样的做法既向年轻人传递了正能量,也带动了国潮品牌的销量,其实的确有很多国货,有自己的专利和团队,低调地闪闪发光。

但是薯宝宝们是否想过,为什么小红书平台上的国货就能轻易圈粉无数呢?

这是因为,小红书平台本身是生活方式社区,具有很强的种草属性,加上用户对小红书社区内容的信任和认可,接受起来就更加容易。如果你仔细研究那些国货笔记,会发现"品质""平价""搭配"是被用户提及最多的三个关键词。有"颜"有"值",设计又新潮,自然受到用户的喜爱。

如今,小红书上的国潮之风愈演愈烈,这种风气不只是一种新的消费选择,也是一种文化情怀的选择。小红书用事实告诉当今年轻人,我们的眼里不只有"崇洋媚外",还有"中国质造"和"工匠精神"。

爆红笔记

为什么小红书上的国货能圈粉无数?

a. 小红书具有很强的种草属性。

b. 用户的信任和认可。

小红书的未来，贩卖的是什么

未来是贩卖知识、贩卖精神的天下。

小红书上分享的，就是用户发起的知识分享，可以是购物后的心得体验，也可以是个人专业领域的常识。

现在的小红书正在贩卖什么呢？

◆ 贩卖口碑。

◆ 贩卖知识。

◆ 贩卖传播。

◆ 贩卖价值。

在这几点中，我重点要说明的是价值。小红书是为用户而生的，作为平台，小红书未来会更好地创造用户价值。在小红书平台，不管是KOL、明星还是MCN机构，所有用户的行为都是围绕"创造价值"展开的，你想要被关注，想要笔记被收藏、点赞、转发，首先你就要为你的读者创造出价值来。在前面我们讲过，商业的本性是利己的，但在小红书平台，你得先利他，用户觉得你的内容有用之后才能利己。而这正是小红书平台运营的精髓，也是传播的本质。

有了这样的共识之后，小红书平台未来的发展路径和走向就会更加明朗。

◎ 小红书开创"后内容时代"的"电商+MCN"新生态

如今，电商产业链上的各个环节都在受到"内容"的普惠，享受内容的红利。而小红书更是将内容电商推进到了"后内容时代"的"电商+MCN"新生态。

近两年，泛内容 MCN 市场呈爆发式增长，为了推动内容电商平台的内容从分散化到职业化，"电商+MCN"模式应运而生。MCN 这种专业化的内容运营机构，有助于提升平台的内容质量，降低平台内容运营成本和难度。显然，这种模式也受到了内容运营平台的认可。例如，蘑菇街最新的版本中，就是以瀑布流的形式呈现了大量的专业领域的内容。这些创作均来自蘑菇街官方团队，本身就已经具备内容创作能力的 MCN 属性。

小红书自己就成立了官方的 MCN 机构，这也引起了其他 MCN 机构的担忧——官方都来分这杯羹了，那我们这些人是不是就成了"太子陪读"啊？

图 10-1　小红书的官方 MCN 机构

那我们就先来了解一下小红书官方合作 MCN 伙伴之一——泓文文化，其服务于广大个人博主，并提供给个人博主自由发展的空间。

1. MCN 机构将呈现百花齐放的趋势

如果你作为小红书个人博主，暂时没有和其他 MCN 签约的意向或者你自己也不知道应该签约哪家 MCN 好，那么可选择签约泓文入驻平台，完成后续和品牌的合作。小红书官方给出的答案是，泓文只是一个服务平台，小红书对其没有任何流量倾斜。因为小红书并不希望一家 MCN 机构包揽所有达人的合作，而是鼓励更多的正规 MCN 机构百花齐放。

2. 解决更多中小品牌商家的卖货困扰

对于那些规模相对较小的品牌商家而言，MCN首先会解决他们卖货的困扰，让他们先树立起一个品牌，降低运营成本和难度、提升销售转化、建立长尾，有了这些基础之后才是扩大自己的粉丝群，提高用户黏性，最终进行销售模式上的升级，输出品牌价值。

3. "后内容时代"驱动电商供应链建设

放眼各类平台正在摸索内容到变现的路径，电商平台无疑是"后内容时代"距离商业价值最近的一个。在未来，深挖内容的垂直平台还将继续崛起。对于小红书来说，打造内容生态的意义绝不次于提供内容本身，小红书还将继续投身于整个社区电商产业链中，通过内容赋能，把内容携带的有价值产品信息传送给消费者，通过下单购买再反哺内容。一来一往有助于平台和品牌商家快速、精准把握用户的需求，驱动整个电商供应链的建设。

作为内容的生产和分发地，内容的制作方和电商平台也正在被内容产业链的正向发展赋予了新的格局和能量。随着"电商+MCN"模式成为新的趋势后，内容电商发展定将演绎出更新的内容建设形式，再从部分垂直平台蔓延到整个电商行业。总之，只有更高价值内容的持续输出才能有效触达用户，形成未来内容电商的核心竞争力。

爆红笔记

现在小红书贩卖什么？

a. 卖口碑。

b. 卖知识。

c. 卖传播。

d. 卖价值。

小红书之城商业化面临的挑战

继前几年图文红包之后，2019年的视频红包在春节期间火了一把。支付宝"五福"、百度好运卡、今日头条"发财中国年"、小红书"猪猪卡"等一系列集卡领红包热度不减，淘宝、微信、QQ、微博、抖音、腾讯微视、快手等新老平台集体参与2019春节红包大作战。小红书则把短视频作为红包营销战役的硬核，以独家视频合作伙伴的方式联名《人民日报》推出了《中国福》系列微视频，还强势登陆四大地方卫视春晚，在站内发起总金额1亿元的红包活动，力推短视频功能。这一打法成功让小红书用户实现了迅猛的增长，既验证了视频业务的发展潜力，同时也体现了小红书巨大的商业潜力。

小红书发力短视频赛道的背后，是在占据用户高频使用场景，进一步提升用户黏性。小红书通过用户和品牌两方面同时切入，继而全面点燃自身商业化潜能的综合企业战略。

对于未来，小红书之城的商业化面临着巨大的挑战。

1. 如何找到用户体验和商业价值之间的平衡点

对于大部分普通用户来说，信息大爆炸的时代让我们有一个模糊的错觉——没有广告就是"一股清流"，有了广告也就有了打扰，有了打扰也就不能再好好玩耍下去了。但根据小红书对用户的调研显示，小红书城市里的居民并不排斥高质量的品牌信息和城市的商业化。比起广告，他们更厌恶的是"劣质广告"。因此，未来小红书最大的考验并不是完全抛弃商业利益，而是如何把广告的负面效应降到最低，赢取用户的信任。

2. 如何在组织迭代升级中，实现基因上的重建挑战

企业组织的战略规划、执行力、组织力都是企业永续发展的关键性因素。小红书成立6年多来，逐渐形成了"社区→交易→商业化"的模式，正在人们普遍认为小红书平台的结构已经足够完善之时，小红书官方却发出了内部信，决定再次组织再造和升级。不得不说，这也是小红书在基因上重建的挑战。

令人有些意外的是，小红书首先做的并不是调整产品形态，而是先调整了组织架构。组织形态的进化，必然是由于原有的结构已经无法更好地支持小红书未来的战略发展诉求，于是只好粉碎原有基础业务之间的壁垒，重新定义和驱动管理模式，实现商业资源的最优组合。如此重大的调整，不是哪个当红的企业都有勇气做出改变的。

3. 小红书如何进化生态

具体来说是打开自己的生态格局，实现与外部生态的高效链接。这里要链接的不只是品牌，还包括阿里、腾讯等其他平台。从闷头发展自己，到走向一个更多利益体共存的新时代，这将是小红书全新的挑战。

爆 红 笔 记

小红书商业化面临哪些挑战？

a. 向左或向右走是个问题。

b. 更好的组织形态和产品生态。

c. 从封闭变成开放。

在瞬息万变的市场潮流中不断进化新形态

作为一名优秀的创业者，身上一定有着理性的思维特质，清楚知道平台在发展的不同时期需要完成怎样的进化，即有所为，有所不为。比如毛文超和瞿芳，在小红书发展初期，两人认定这一时期的小红书需要的是内容和品牌的聚焦，用户必须是"真实"的消费用户，于是这一阶段的小红书拒绝代购的加入，专心做购物类的内容分享。甚至小红书还设计了一个类似驾照扣分的系统严格把控社区内容的质量。小红书当时正处在 A 轮融资的关键时期，需要靓丽的业绩报表背书。毛文超与瞿芳能理性地做出这样的取舍并不容易。

最终决定只做"真实"用户的购物分享，并没有影响小红书的融资大计。商品的正品保障、庞大规模的优质流量以及跨境电商政策机遇，让小红书实现"社区+电商"模式，找到了商业化变现的通路。在 2015 年，小红书创业不到三年就进入 10 亿美元估值的独角兽名单。

在海外购物分享这个领域强大到有了坚固的内容护城河后，小红书需要为未来规划更大的空间。

1. 小红书 2.0——打造多元化社区

基于用户的新需求——更多生活领域信息的分享和阅读，小红书开始拥抱社区的内容多元化，并引入自己独有的算法推荐机制，从单纯的海外购物分享逐渐覆盖旅行、美食、育儿等各类生活方式分享，吸引了大量当红明星入驻，小红书由此变成了"好物分享平台"和年轻人的"消费决策平台"。此时的小红书一改创业初期的广告零投放模式，邀请范冰冰、林允、蔡徐坤在内的近千位明星入驻，赞助现象级的综艺节目，所有的付出让小红书在2018年实现了用户的新一轮爆发式增长。

同时，这一阶段的小红书实现了自营与平台相结合的电商模式。具体做法是引入了第三方商家和国内的品牌，增加商品种类的同时，降低了自营库存的囤货风险，再次实现了从跨境电商到综合电商平台的进化。

直到2018年6月，小红书平台的健康发展带来了高用户价值，小红书完成阿里巴巴集团领投的超过3亿美元财务融资。

就在2019年春节，小红书又通过赞助各大卫视春晚等一系列站内站外红包活动，使得活跃用户数相比上年同期增长超过300%，再创历史新高。

我们看到，在企业发展的不同阶段，小红书几次不同的战略选择，给我们后来的创业者提供了一个很好的范例——当你的核心业务还没有搭建起"护城河"之前，一定要专注深耕主业，不要轻易，更不要急于拓展业务，否则"护城河"很容易被摧毁。

2. 小红书3.0：一面是坚守，一面是进化

虽然电商业务取得极大成功，但小红书始终在寻找符合自己的基因、与社区生态高度融合的全新商业模式。通过在社区的高频交流，发现好品牌和创造消费流行，这是小红书与淘宝、京东这些纯电商企业相比最大的核心优势。通过用户口碑而实现品牌积累，不仅带动了品牌在小红书上的交易规模，更带动了品牌在全渠道的交易规模。

如果说其他电商是在创造交易价值，那么小红书则是唯一同时兼具渠道交易、品牌营销两个核心价值的平台。

从品牌商的角度而言，他们也非常认可小红书的品牌传播与营销价值，希望通过小红书平台获得品牌价值和营销效果的提升。从小红书社区用户的角度来看，也希望小红书能为他们提供更有价值的真实信息。最后从小红书平台本身的角度而言，作为消费决策和生活方式分享的入口，品牌商、用户都是缺一不可的部分。

所以发挥品牌营销和传播价值，从而获得商业价值，是小红书在电商业务之外的另一条向新形态进化的通路。小红书还将继续整合内部数据、上线更多品牌赋能工具、打通社区与电商资源，协助品牌商创造持续有效的品牌价值，在小红书平台发现、触达、转化与留存用户。

回过头看，小红书从最早 PDF 版的 PC 端攻略，到推出专注海外购物信息分享的 UGC 移动端社区 APP，再到跨境电商、综合电商的几次成功的商业化探索，再到今天内容多元化、引进明星生态与市场下沉……像所有优秀的互联网企业一样，小红书始终在瞬息万变的市场潮流中，根据外部环境与内部能力不断进化新的形态。

在创业之初，创始人毛文超问瞿芳："你说我们要做一家什么样的公司？"

瞿芳当时刚开完一天会，又累又困，但她坚定地回答："当然是要做一家伟大的公司啊！"除了不断进取与进化，其实小红书对打造一个具有"分享、美好、真实、多元"的社区的坚守从来没有改变。

爆红笔记

小红书的进化有几个阶段？

a. 小红书 1.0——海外购物分享。

b. 小红书 2.0——多元化社区。

c. 小红书 3.0——与社区生态融合的全新商业形态。

后 记

小红书要如何继续红下去

在本书创作期间,我看了大量关于小红书的报道,比起有些平台轰炸式的营销策略,我更欣赏"安静地做个网红达人"的小红书。专注内容、不急不躁,该清理时毫不犹豫,该拓展业务时步步为营。很多人不服,小红书凭什么在短短 6 年间就成长为一家估值 30 亿美元的创新型企业?关于种种原因,我就不在此重复。在我看来,与其说小红书太红了,不如说它是被这个浮躁商业圈遗失的美好。太多与利益相关的问题让众多创业者在前进的途中,遗失了自己最初的美好初心,但小红书坚守住了。也有人在为小红书担心,现代商业社会利益为重,如此"出淤泥而不染"能活下去吗?我们来看看小红书未来的走势就知道了。

小红书要"变"

总用户数 2.5 亿、月活用户 8500 万、每日社区笔记曝光超 30 亿次,这是 2019 年 6 月初小红书六周年之际,创始人瞿芳、毛文超自己披露的数据。

回顾小红书的发展历程,有以下几个关键的转型节点:

2013 年 6 月,小红书的定位是主要针对入门级用户的基础购物指南,"引导用户分享购物攻略",被称为"海淘版知乎",但局限是用户无法进行交流互动。

2013年12月，小红书增加了互动功能，升级为海外购物分享社区；

2014年12月，小红书开启社区+电商的模式，奠定了小红书成长的调性。

2018年，小红书赞助两档火爆全网的综艺——《偶像练习生》和《创造101》，播出后小红书的品牌认知度提升了148%。小红书和它当时的Slogan"标记我的生活"令人印象深刻。

2019年6月，小红书在"6.6周年庆"第二天晚上，对部分用户开放了直播功能，预示着小红书正在向短视频领域进军……

沿着这个时间线来看，在未来小红书还会继续在变革的道路上不断成为更好的自己。

小红书要"新"

小红书已在内测直播功能，并定向邀请部分达人参与体验。在淘宝直播、抖音直播、快手直播都为平台贡献新营收增长点的今天，MAU（月度活跃用户数）突破8500万的小红书面临的已经不再是做不做直播的问题。

小红书将直播作为一种在线互动方式，对内容创作者来说，直播能够让自己更直接地与用户交流；对社区用户来说，直播能带来更有趣的体验。基于此，小红书站在用户价值的角度开发了直播功能，并欲将直播打造成"一种生活方式分享和深度互动的新颖工具"。只是，目前这个新工具还在内测中，而小红书将在后续逐步开放平台主播的资格申请。

小红书要"严"

"我可以在小红书推广自己的商品吗？"这是很多薯宝宝们的疑问。

小红书一直在提高对博主的要求和准入门槛。在早期小红书博主只要满足粉丝≥1000就可以成为品牌合作人。而品牌合作人平台新规上线后，意味着你的粉丝数≥5000，并且近一个月的笔记平均曝光量需要≥10000，才可以开始接广告，将流量变现。换句话说，新规明确规定，非品牌合作人不可以在小红书发布的笔记中出现任何广告或微信等联系方式，否则一旦被平台发现将会被视作违规处理。除此之外，新规还限制了博主的分享内容。那么，更多没资格成为品牌合作人的普通用户，都无法像以前一样在小红书继续推广品牌了。唯一的"合法"路径就是按照第三方商家或者品牌商入驻的方式走小红书招商合作通道。

很多用户不解，小红书为什么突然这么"严格"起来，其实这表明小红书正在收紧KOL除电商外的商业变现路径。尽管这样的做法会挫伤一部分不符合资格的用户创作的积极性，但平台更注重对内容品质的把控，恐怕未来只会更严。

小红书要"红"

对于小红书这样的社交内容电商来说，内容是其发展的命脉。小红书要把命脉延续下去，最核心的关键就是进一步提升内容质量。那么上一点也是可以理解的，小红书的确需要一个属于自己的"内容清理、提升质量"的计划。而清理的同时，也要为KOL带来真正可实现的变现渠道，于是，小红书构建了属于自己的官方变现渠道，让品牌合作人变成真正的品牌管理者。只有这样，小红书才能时刻掌握内容生态的主动权，对平台内容的整体质量有一套系统的实时监测。可以说，这次洗牌过后，最终能在小红书留下来的KOL都是真正有实力的高手，再配合更完善的管理、激励机制，将更有利于推动KOL生产出更优质的内容，让平台的内容形成良性的竞争。

对于小红书来说，在市场竞争如此激烈的今天，如果只靠自己做电商是非常困难的。但是如果小红书对价值内容分享做到了"行业垄断"，那么小红书未来的商业变现逻辑只会越来越清晰，也更容易用优质内容获取电商的话语权。所以对于小红书来说，只要在全网抢占了内容制高点，无论今后是对接电商平台获得导购收入，还是直接对接品牌商都会有更多的机会。

如此看来，小红书不只是被浮躁的商业圈遗失的美好，更是中国社交电商领域真正有创新潜质的"新物种"，难怪小红书会成为继阿里巴巴、美团之后，"2019中国最佳创新公司"了。

小红书微录

【薯宝宝 1 号】65 岁秋姐

小红书账号：617461795　luxiaoqiu55@gmail.com

50 后奶奶兼外婆，分享美容瘦身养颜摄影心得。

【薯宝宝 2 号】车展妈咪

小红书账号：493124259　30174619@qq.com

全网粉丝 220 万知名母婴育儿博主，晒娃，亲子育儿。2018 年全球 SuperMaMa 大赛冠军，玖小时签约 KOL，香港衍生品牌代言人，代言妈妈事业合伙人。

【薯宝宝 3 号】SHINE 夏花

小红书账号：184436659　18666087520@163.com

穿搭，探店，护肤，摄影，旅行。

【薯宝宝 4 号】Silvia

小红书账号：105812616　silvialiao88@gmail.com

加州大学伯克利分校，时尚 Kids 穿搭，爱旅游，爱买买买，拍娃狂魔，纯吃货。

【薯宝宝 5 号】麻烦呀喵喵

小红书账号：wx16213455　geri.cooknz@hotmail.com

霸道总裁的夫人，带逗比属性的优雅新西兰媳妇。

【薯宝宝 6 号】小蜈蚣 Ava

小红书账号：101642283　cyaava@126.com

爱生活的二宝妈，好物分享。

【薯宝宝7号】灵儿辅食

小红书账号：275905497

二宝妈妈，分享美食，旅行攻略，热爱一切小美好，北京玖小时传媒签约达人。

【薯宝宝8号】馨怡

小红书账号：182367103　caokx@jiuxiaoshi.top

作为一名营养师，也作为一名妈妈。坚持科学育儿，坚持辣妈育儿路上的心得分享，喜欢做美食，更喜欢分享美食。

【薯宝宝9号】娜姐的小窝

小红书账号：262952988

80后的中年少女，二胎宝妈一枚，爱分享的全职煮妇。

【薯宝宝10号】米儿姐姐

小红书账号：mierjiejie　mirrorinlove@qq.com

美妆、发型、穿搭，每天更新干货视频。

【薯宝宝11号】小鲤鱼嘛嘛

小红书账号：yunanmei141319　371525878@qq.com

孕安美创始人，孕产身心灵疗愈师。

【薯宝宝12号】全能辣妈Yuki咯

小红书账号：123974292@qq.com

一个闪闪发光的全能辣妈，深度发掘广东亲子游，母婴KOL，美食达人，酒店民宿体验家。

【薯宝宝13号】崔西吃不饱

小红书账号：109561666　journey_ly@126.com

北大牛津学姐，金融 girl 辞职，时尚创业/健身/冲浪。

【薯宝宝 14 号】大狼狗郑建鹏 & 言真夫妇

小红书账号：yanzhen178

我们只是一对平凡的夫妇，也有人说我们把平凡的日子串联成了爱情的童话。

【薯宝宝 15 号】野生杜蕉蕉

小红书账号：294313188   wuyuesw@fixmail.com

话不多的猫系美妆博主。

【薯宝宝 16 号】上上签 Lynn

小红书账号：105045354   tracy_lynn@outlook.com

实用少见的生活经验，一个有洁癖的日语编辑。

【薯宝宝 17 号】杨 Layla 航

小红书账号：603007682@qq.com

健身，格斗，巴西柔术，创业狗。

【薯宝宝 18 号】Rika0_0

小红书账号：947177134   643223736@qq.com

分享多年护肤美妆干货。

【薯宝宝 19 号】的欢-gladys

小红书账号：493763699   343474620@qq.com

设计师，自主健身衣品牌，BadCouple，分享健身攻略，新晋级妈妈。